Jutta Voigt

Der Geschmack des Ostens

Vom Essen, Trinken und Leben in der DDR

Gustav Kiepenheuer Verlag

Mit besonderem Dank an Carmen Bärwaldt

ISBN-10: 3-378-01076-2
ISBN-13: 978-3-378-01076-5

3. Auflage 2006

Einbandgestaltung gold, Fesel/Dieterich
Druck und Binden Pustet, Regensburg
Printed in Germany

www.gustav-kiepenheuer-verlag.de

Für Maria und Charlotte

Inhalt

ENTRÉE 9

BOCKWURST, BROILER, ZUKUNFT
Die fünfziger und sechziger Jahre 23

NUDELSALAT, FONDUE, STILLSTAND
Die siebziger und achtziger Jahre 143

NACHSCHLAG 209

Verwendete Literatur 211
Bildnachweis 214

ENTRÉE

Die Kochtöpfe sind noch warm, die Spuren noch frisch. Eineinhalb Jahrzehnte sind alles oder nichts im Weltenlauf, manch ein Geschmack wirkt lange nach. Wie schmeckte die DDR? Nach Gleichheit und Schnitzel mit Mischgemüse? Nach Geborgenheit zwischen Schweinefleisch und Schnaps? Nach Anpassung und Sättigungsbeilage oder nach Chateaubriand und Privilegien? Halbvoll noch sind die Teller vom Essen, das wir stehenließen, weil wir hastig vom Tisch aufstanden und hinausstürzten, die unverhoffte Freiheit zu begrüßen. Adieu, ihr Hackbraten, Würzfleische, Soljankas, ihr Eisbeine und Jungschweinrücken, ihr Jägerschnitzel und Thüringer Klöße. Mach's gut, Kaßlerrolle, tschüs, Goldbroiler! Nimmermehr Schlangestehen, Schluß mit den Wechselbädern zwischen Verzicht und Völlerei.

Wurde jemals ein Land so komplett und freiwillig verlassen wie die DDR? Ein Untergang mit Mann und Maus und Einverständnis. Der Untergang vor dem Untergang, der Niedergang vor dem Verderben. Schnellkochtöpfe, Emaillekasserollen und Küchenmaschinen wurden auf den Müll der Geschichte geworfen, das Toastbrot aus dem Zentralinstitut für Ernährung in Potsdam-Rehbrücke ebenfalls; die Esser machten sich nicht einmal die Mühe, die Teller abzuwaschen.

In den Küchen von Pompeji hatte man die Knochen verschiedener Tiere als Reste in den Pfannen und in der Kohlenasche gefunden, an die Wand seines Hauses hatte der Gastgeber geschrieben: »Bemüh dich, keine Flecken auf unser Leinentischtuch zu machen!« So schlagen Zeugnisse vom Essen Brücken über Jahrtausende hinweg. Auf der griechischen Insel Santorin besichtigte ich die Überreste einer untergegangenen Stadt, ich sah die Milchkannen mit den Brustwarzen, aus denen man damals trank, ich sah verkohlte Reste von Mehl und gelben Erbsen in unversehrten Tontöpfen. Vor dreitausendfünfhundert Jahren hatte ein Vulkan die Insel gesprengt und im Meer versenkt. Als bleicher Bimsstein das Land bedeckte wie ein Leichentuch, waren seine Bewohner, gewarnt durch ein Erdbeben, längst über alle Berge. Sie haben den schwarzen Himmel nicht mehr gesehen, nicht das tagelange Dunkel und nicht die von der glühenden Asche verbrannten Pflanzen. Keine Toten, nur das Skelett eines Schweins hat man gefunden am alten Ort. Ich konnte die Mauern der untergegangenen Stadt Akrotiri sehen, den Verlauf der schmalen Straßen und die Plätze, auf denen sich die Bewohner am Abend trafen. Sie badeten in Kultbassins und verfügten über Aborte mit Abwasserleitungen. Doch es waren die Essensreste, die mich faszinierten auf der fremden, fernen Insel, die dreieinhalbtausend Jahre alten Gefäße mit Spuren von Gerste darin. Du bist, was du ißt, oder: Sage mir, was du ißt, und ich sage dir, wer du bist. Wer waren sie? Wer waren wir?

Im Jahr 1986 aß jeder DDR-Bürger 96 Kilo Fleisch, 43 Kilo Zucker, 15,7 Kilo Butter und 307 Eier, als Verbraucher waren wir Weltspitze. Wir waren Vielfraße. Wir aßen aus Lust und Frust, aus Begeisterung und Verzweiflung, aus Langeweile und der chronischen Angst, nicht genug zu kriegen. Reich sei nicht derjenige, der viel besitzt, reich sei derjenige, der viel begehrt, besagt eine ambivalente Sentenz – wir waren Nimmersatte. Wir wollten alles. Viel essen, viel trinken, niedrige Preise, billige Wohnungen. Immer Arbeit, aber nicht mehr als unbedingt notwendig, viel Freizeit und jederzeit Bananen, Milka-Schokolade und Jacobs Krönung. Dazu Freiheit, Gleichheit, Früchtejoghurt. Wir haben gegessen, weil es billig war und weil man sanft wurde vom vielen Essen. Wir haben mit dem Frust nach der Speckseite geworfen. Betäubung, Rückführung in den Zustand des Nuckelns an der Mutterbrust bis zum Eindösen. Wir gaben unser Geld für Lebensmittel aus, weil wir anderes nur mit viel Warten und Mühe oder gar nicht kriegten, Videos, Autos, Geschirrspüler; die Kaufkraft war immer höher als das Warenangebot. Weil wir nicht nach Mallorca konnten und nicht an den Gardasee, haben die Hungrigsten von uns an so manchem lauen Grillabend in Lauben, Datschen und auf Balkons jeder drei Bratwürste und zwei Scheiben Schweinekamm verzehrt und dazu dreihundert Gramm sowjetischen Wodka getrunken oder den polnischen mit dem Grashalm, Zubrowka, so wurden wir satt und zufrieden. Zeit zum Essen hatten wir ja, Zeitwohlstand war eine der schönsten Nebenwirkungen des Staates DDR, wir nahmen ihn mit großer Selbstverständlichkeit entgegen.

Ein ehemaliger Maurer erinnert sich begeistert an Nachtschichten, während deren er riesige Eisbeine mit Sauerkohl verzehrte, Bauarbeiterversorgung nannte sich die Völlerei. „Was haben wir für Kaßlerrollen gegessen, und was haben wir gelacht!« ist der Kernsatz ostalgischen Bedauerns eines Drehbuchautors, der nicht glücklich wurde im Westen. Neulich habe ich in einem frisch eröffneten rheinischen Lokal das erste Mal nach der Zeitenwende wieder Kaßler gegessen, es schmeckte, als sei ich zu Besuch in dem verschwundenen Land, in dem ich geboren wurde.

Die deutsche Küche der DDR war abgeschirmt gegen Einflüsse von außen, es sei denn, es handelte sich um Pilze aus Polen, eine Suppe aus Rußland oder Buletten vom Balkan, die unsere an Nahrhaftigkeit noch übertrafen. Die kalorienschwere DDR-Küche machte uns zu braven Bürgern, beschäftigt mit Ranschaffen und Verdauen. Ein voller Bauch rebelliert nicht gern – das wußten Partei und Regierung. Sie wußten auch, daß vom Essen ihre Macht abhing, Sein oder Nichtsein, satt oder weg. Und weil der Mensch ein Mensch ist, drum braucht er was zum Essen, bitte sehr –

es macht ihn ein Geschwätz nicht satt, das schafft kein Essen her. Die Versorgung, ihre Lücken und Mängel, ihre Engpässe und Ausfälle waren vierzig Jahre lang Dauerthema in den Sitzungen von ZK und Politbüro, wo man über Versorgungslücken beim Würfelzucker sprach wie über Weltereignisse. Da gab es die Brot-Krise und die Kaffee-Krise und die Fleisch-Krise und die Südfrüchte-Krise, die Butter-Krise und die Milch-Krise, die Fisch-Kartoffel-Kakao-und-Zwiebel-Krise. Die »planmäßige Verbesserung der Versorgung der DDR-Bevölkerung mit Speisen und Getränken« ließ sich so lange Zeit, bis die Zeit abgelaufen war. »Wie wir heute arbeiten, werden wir morgen leben« – »Hoffentlich nicht!« schrieb jemand unter die Losung. Dieses Land ist an seinen Vorzügen zugrunde gegangen, sagt eine Freundin immer, das ist nicht von der Hand zu weisen.

»Die Erinnerung ist von einer Fleckigkeit, als sei der Film in die Entwicklerflüssigkeit nicht eingetaucht, sondern nur mit ihr besprenkelt worden«, schrieb John Updike. Marcel Proust erfuhr, wie der Geschmack jenes muschelähnlichen, ovalen Sandtörtchens, Petite Madeleine genannt, in ihm die Kindheit wiederauferstehen ließ und ein Glücksgefühl ihn durchströmte: »Aber wenn von einer früheren Vergangenheit nichts existiert nach dem Ableben der Personen, dem Untergang der Dinge, so werden allein, zerbrechlicher, aber lebendiger, immateriell und doch haltbar, beständig und treu Geruch und Geschmack noch lange wie irrende Seelen ihr Leben weiterführen …«

Sich an den Geschmack von gestern zu erinnern bedeutet, sich an einen Tisch zu setzen mit denen, die wir waren und nicht mehr sein wollten, ein Resteessen mit der Vergangenheit.

Der Geschmack des Ostens. Manchen von uns liegt er auf der Zunge wie angebrannter Brei, andere jagen ihm nach wie Peter Schlemihl seinem verkauften Schatten. Sie kramen in den Regalen der Discountkette Netto nach Hansa-Keks und Bambina-Schokolade, kochen Makkaroni mit gebratener Jagdwurst und Tomatensauce und mischen sich in der Kneipe ein Herrengedeck zusammen. Es ist das Aroma ihrer Kindheit, ihrer Jugend, ihrer besten Jahre, das sie da riechen und schmecken. Erste Küsse, Parteiverfahren, Weltfestspiele – der Osten hatte einen bitteren Beigeschmack und hinterließ doch eine Spur von Restsüße.

Mein Debüt als Essensteilnehmerin fand kurz vor Gründung der DDR statt, bis dahin war das Hungern Thema, nicht das Essen. Das erste Kuchenbrötchen meines Lebens aus dem ersten HO-Laden im Herbst 1948 gleich neben dem Haus, in dem ich wohnte, öffnete mir die Tür zum Paradies des Wohlgeschmacks. Es war mit »Auszugmehl 405, Hartweizen« aus der Sowjetunion gebacken und kostete eine Mark fünfzig. Es war weiß, weich und süß, es schmeckte nach Neuanfang und Weltfrieden. Der Laden ist schmal gewesen, dunkel und lang, er hatte vergitterte Fenster. In der Erinnerung schiebt sich über das unvergessene Kuchenbrötchen der HO dieses Ding von McDonald's, obwohl ich das nur ein einziges Mal gegessen habe. Irgendwas ist ähnlich an den Gebäcken, vielleicht die mutterbrustähnliche Form, das leicht Unbestimmte in Geschmack und Konsistenz.

Das Kuchenbrötchen muß 1950 ähnlich populär gewesen sein wie heute der Hamburger. »Ganz Berlin lechzt nach den süßen Kuchenbrötchen der HO-Läden des Ostsektors«, schrieb im Dezember 1949 Herr F. aus Berlin-Wedding an seinen Freund in Hameln. Ein Kuchenbrötchen-Lied wurde gereimt, ein Marsch-Foxtrott zum Ruhme der HO:

Ich versprach auch Vatern, keinen Tag zu schwänzen
Nur die Arbeit, sagt er, bringt uns was ins Haus,
Denn je reicher im HO die Fenster glänzen,
Um so reicher sieht's bei uns zu Hause aus.

Kiekt euch meine Wangen an – so frische, rote!
Jetzt kapier ich, was ich damals nicht verstand.
Merkste nun? Vom kleinen, süßen Kuchenbrote
Zogen Glück und Wohlstand übers ganze Land.

Wunderbar würde das Leben werden, süß wie ein Kuchenbrötchen. Keiner sollte mehr hungern und frieren, keiner obdachlos, keiner arbeitslos sein. Und alle sollten sich satt essen. »In Paris oder in New York gibt es heute Restaurants ›Zum Epikur‹ – gemeint ist besonders gute Küche«, bemerkte der Philosoph Ernst Bloch 1950 in seinen Leipziger Vorlesungen, »dagegen haben wir auch nichts einzuwenden; wir wollen nur, daß alle gute Küche haben.«

Keiner sollte mehr abhängig sein von den Gesetzen der Marktwirtschaft. Preiserhöhungen, Wirtschaftskrisen und Massenarbeitslosigkeit sollten der Vergangenheit angehören. Suppenküchen, wo den Armen das Essen aus den Abfällen der Reichen bereitet wird, sollte es niemals wieder geben. Was für ein Leben! Nach Abschaffung des Privateigentums wollte die zentral gesteuerte Planwirtschaft den Unberechenbarkeiten des Marktes zuvorkommen. Keine Krisen und allzeit stabile Preise. Die Planbarkeit gesellschaftlicher Prozesse war das Herz der kommunistischen Utopie. Dieses Herz litt an Rhythmusstörungen, von Beginn an, Insuffizienz war die Folge.

Der Staat aber hatte eine Versorgungsaufgabe zu erfüllen, die Versorgungslage stabil zu halten, Versorgungslücken zu stopfen, die Versorgung zu verbessern. Versorgen macht Sorgen. Die Sorgen und die Macht. Versorgung – der sorgenvollste Begriff der DDR und der explosivste. Am Essen wurde die Tauglichkeit der Regierenden gemessen. Der Prolet, das weiß man, wird ungemütlich, wenn sein Essen nicht pünktlich auf dem Tisch steht, wild wie ein Tier im Käfig wird er, wenn die Fütterung ausbleibt.

Letztendlich war es die Banane, die das Ende des »ersten

sozialistischen Staates auf deutschem Boden« besiegelte. Warum ist die Banane krumm? Weil sie immer einen Bogen um die DDR macht. Ein vielzitiertes Bonmot. Nach einigen Umwegen ist sie nun angekommen, die krumme Banane.

Erst kommt das Fressen, dann kommt die Moral, es handelte sich schließlich um einen Arbeiter-und-Bauern-Staat, in dem der Arbeiterklasse die führende Rolle angedient wurde. Die Befriedigung der Grundbedürfnisse stand im Mittelpunkt. Für alles machte der Bürger den Staat verantwortlich: erfrorene Kartoffeln, vergammeltes Gemüse, kein Fleisch, keine Butter, der Kaffee schmeckt nicht. Am Ende fand er für alles, was nicht klappte, die resignierte Formel: Typisch DDR.

Die führende Klasse hatte die Verantwortung für das Gelingen des sozialistischen Experiments voll und ganz den führenden Genossen überlassen und lehnte sich entspannt zurück. »Plane mit, arbeite mit, regiere mit!« – für das allzeit bereite Volk der Sammler und Jäger bestand der höchste Genuß nicht im Mitregieren, sondern darin, eine Mangelware zu erobern. Das Jagdfieber des Volkes entfachte sich an schlichteren Dingen als an Rehen und Hirschen, man war auf der Pirsch und machte Witze: Die DDR ist eine ausgesprochene Gebirgsrepublik, sie besteht nur aus Engpässen. Das Halali anläßlich des Ergatterns einer Mangelware ist mir noch heute im Ohr, so ein Freudengeschrei kann kein Schnäppchen von Aldi auslösen, kein Sonderangebot von Minimal, kein Rabatt von Superspar. Geiz mag geil sein, glücklich macht er nicht.

In seinen luziden Erkundungen über die Ostdeutschen schreibt Wolfgang Engler von der »arbeiterlichen Gesellschaft«, in der die Arbeiter zwar nicht die politische Herrschaft ausübten, das soziale Zepter aber fest in der Hand hielten. Alles richtete sich nach ihren Vorstellungen, ihren Normen, Idealen und Konventionen: Kleidung und

Konsum, Alltagssitten und Eßgewohnheiten. Dreimal in der Woche Eisbein mit Erbspüree, Sauerkraut und Kartoffeln war auch unter Intellektuellen keine Seltenheit. Das arbeiterliche Ideal strahlte auf die ganze Gesellschaft aus, die anderen sozialen Gruppen übernahmen es und formten sich innerlich und äußerlich nach dem Bild des Arbeiters, der in der Industriegesellschaft DDR körperlich schwer arbeitete und dafür zum Helden erklärt wurde. In seiner ganzen Erscheinung und in der Art, wie sie in der sozialistisch-realistischen Kunst dargestellt wurde, lag was Kraftmeierisches. Es wurde von Ingenieuren, Werkleitern, Funktionären und Universitätsprofessoren imitiert, schreibt Engler, selbst den Bierbauch trugen sie noch stolz vor sich her, schließlich hatte der hochgeehrte Bauarbeiter auch einen. So verband sich das Kraftmeierische mit dem Verfetteten.

Der gemeine Werktätige entsprach selten dem Idealbild des »Neuen Menschen«, der aus Überzeugung und Liebe zum Sozialismus die Arbeitsproduktivität steigerte. Obwohl die Fabriken erklärtermaßen ihm gehörten, VEB – volkseigene Betriebe. Vermutlich ist dem Werktätigen das Volkseigentum zu abstrakt gewesen, zu der Erkenntnis »Wir sind das Volk« ist er erst mit einiger Verspätung gelangt. So oder so – er war sein eigener Herr.

Die DDR war eine proletkultische Gesellschaft. Junge Frauen in den sechziger und siebziger Jahren schwärmten von einer bestimmten Spezies Mann: »Du weißt schon, so ein proletarischer Typ!« Gemeint war groß, kräftig, schlagfertig, ungeniert, ein Siegertyp in kariertem Hemd und Bluejeans, der mit kraftvollen weißen Zähnen in eine Bockwurst beißt. Der proletarische Typ mußte nicht unbedingt im Stahlwerk Hennigsdorf arbeiten, er konnte ruhig auch Architekt sein, war sogar besser so. Zum selten erreichten Ideal des proletarischen Typs gehörte der Mut zur eigenen Meinung. Die außerordentliche Popularität des jungen Schauspielers Manfred Krug, der in dem DEFA-Film »Spur der Steine« diesen Typ verkörperte, erklärt sich auch aus diesem Männlichkeitsideal.

Der Prototyp der arbeiterlichen Gesellschaft legte Wert auf kräftiges, kalorienreiches Essen, auf große Portionen, Bier und Schnaps, Prost Mahlzeit. An den Geschmack stellte er keine hohen Ansprüche, es mußte nichts Ausgefallenes sein, aber das Gewohnte, das hatte gefälligst dazusein. Stand die Wahl einer neuen Arbeitsstelle an, fragte der Werktätige als erstes nach der Güte der Betriebskantine. Ob dort selbst gekocht würde oder ob das Essen in Kübeln angeliefert würde. Er vergewisserte sich, daß auch in der Nachtschicht warmes Essen zur Verfügung stand. Montag Brühnudeln und Kompott – was soll das? mäkelte der Fleischfresser. Dienstag Bratwurst in Bierteig mit Mischgemüse und Salzkartoffeln – schon besser. Mittwoch Erbseneintopf mit Speck – ohne Bockwurst? Donnerstag Rindfleisch mit Senftunke und Salzkartoffeln – ist ja mal was. Freitag Milchreis mit Zucker und Zimt – da gehe ick doch gar nich erst hin. Ein Betriebsessen kostete zwischen fünfundfünfzig Pfennig und drei Mark, der eben zitierte Speiseplan stammt aus dem Berliner Glühlampenwerk im Jahr 1962.

Auch Funktionäre speisten arbeiterlich. Erich Honecker zum Beispiel. Er aß für sein Leben gern Makkaroni mit Tomatensoße, er gönnte sich aber auch öfter mal zwei Schnitzel mit Mischgemüse, Soße und Kartoffeln, das Sonntagsessen des Proleten. Der Funktionär ernährte sich wie ein Schwerstarbeiter, aus Klasseninstinkt vermutlich, schließlich war er gelernter Dachdecker. Obwohl er nun längst in anderen Sphären lebte, sich abgesetzt hatte von der Klasse, zu der er mal gehörte, pflegte er die Posen und Vorlieben der Wohnküchen-Kämpfer. Oder, was wahrscheinlicher ist, er kam nicht von ihnen los. In italienischen Filmen über die in Armut geborenen Jungs der Cosa nostra, die es als Padres zu Ruhm und Reichtum gebracht haben, rührt uns das, weil es gut gespielt ist. Doch wenn E. H. noch als Generalsekretär der SED einen Kamm in der hinteren Hosentasche trug, womit er sich zuweilen überkämmte, wie junge Männer aus proletarischem Milieu es tun, bevor sie einen Tanzsaal betreten, wirkte das eher unpassend. Fisch mochte Honecker nicht, außer mariniertem Hering nach Hausfrauenart. Und schon gar kein Wild, nichts aus dem Wald, auch keine Pilze. Rehkeule, Hirschbraten oder Wildschwein hat der passionierte Jäger niemals gegessen, vielleicht war es ihm zu bürgerlich, Rehrücken mit Preiselbeeren – das klingt nach Eßzimmer und Stoffserviette im Silberring, die Entfernung von der Wohnküche, dem Klassenzimmer der Arbeiter-und-Bauern-Macht, wäre ihm zu groß gewesen.

Am allerliebsten, so erzählt es Honeckers Koch, Herr Krause, aß »der Chef« Kaßler. In allen Varianten. Mittags warm, mit Sauerkraut, angemacht mit Speck und geriebenen Zwiebeln, dazu Salzkartoffeln. Abends kalt, als Aufschnitt. »Der Chef«, erinnert sich Krause, »aß wenig Gemüse, keinen Salat, kaum Obst, ab und an mal einen Apfel aus Werder. Das ganze schöne Obst, das in West-Berlin eingekauft wurde«, sagt Krause mit Bedauern, »Weintrauben, Bananen, Birnen, Kiwis, all die schönen Sachen wollte er nicht!«

Der Geschmack des Ostens war bestimmt von der Utopie der Gleichheit, keinem sollte es schlecht gehen, keiner durfte was Besseres sein, die Bedürfnisse der Masse zählten, nicht die des einzelnen. Es ging um das große Kollektiv der Esser, die satt werden sollten, nicht um den Geschmack von ein paar bourgeoisen Gourmets. À la maison statt Haute cuisine, deftige deutsche Hausmannskost, futtern wie bei Muttern.

Die Wandlitzer Funktionäre entfernten sich Jahrzehnt für Jahrzehnt mehr von der Utopie der Gleichheit. Feinschmecker allerdings hat es im Politbüro nur zwei gegeben,

Kurt Hager und Albert Norden. Die beiden Leckermäuler fanden es bedauerlich, daß die Gerichte entsprechend den aktuellen weltpolitischen Verwicklungen nur noch unter ihren deutschen Bezeichnungen auf der Speisekarte des Wandlitzer Funktionärsklubs standen und nicht länger Cordon bleu oder Rumpsteak Strindberg heißen durften. Doch die Extrawürste aus der Funktionärsküche dürften sie darüber hinweggetröstet haben. Herr Norden mochte kein Öl, alles mußte mit Butter gebraten werden, auf keinen Fall in einer Pfanne, in der sich vorher Öl befunden hatte. Also bekam der Genosse Feinschmecker im Funktionärsklub seine eigene Pfanne. Als die asiatische Küche modern wurde, kriegte Hager seine Bambussprossen. Mielke hielt sich unbeirrbar an Hefeklöße mit Blaubeeren. Das Frühstück nahm er im Büro ein. In der Hinterlassenschaft des Ministeriums für Staatssicherheit fand man eine Zeichnung, auf der eine Ordonnanz penibel Mielkes Frühstückstisch skizziert hatte, die Stelle, wo seine Marmelade zu stehen hatte, die Stelle für seinen Eierbecher, die für seinen Teller, sein Messer, seinen Brotkorb – ein absurdes Dokument der Ordnung des Banalen.

Während in den ersten Jahren alles, womit in Wandlitz gekocht wurde, aus DDR-Produktion oder aus den Bruderländern stammte, wurden die Zutaten mit der Zeit immer westlicher, bis sogar das Salz von drüben geholt wurde. Die Parteiführung ließ ihren Spargel lieber aus dem Westen kommen, als den zu essen, den ihr Koch frisch vom Feld geholt hatte und der viel besser schmeckte als der westliche, wie Koch Krause betont.

Du bist, was du ißt – wer waren sie, die nicht müde wurden, die Überlegenheit des Sozialismus zu verkünden, und in historisch bemerkenswerter Verachtung des eigenen nach den bunt verpackten Westsachen griffen? In dieser Hinsicht stimmten sie mit den Neigungen ihres Volkes ja durchaus überein. Jedem nach seinen Bedürfnissen? Sie verkündeten Gleichheit und deckten ihre Tische ungeniert mit dem, was ihre Bürger in Konsum und HO nicht kaufen konnten. Der Fehler war nicht, daß sie sich, anders als ihre Untertanen, alle Bedürfnisse erfüllten, das ist unter Machthabern üblich. Der Fehler war, daß sie das Märchen von der Gleichheit bis zum bitteren Ende erzählten. Die Schizophrenie des Landes DDR fand sich auf den Tellern von Wandlitz wieder, die Utopie fraß sich selber; ein Kannibalismus besonderer Art. Du bist, was du ißt – ich bin in diesem Land groß geworden, einsvierundsiebzig, dreiundsechzig Kilo schwer.

BGW-Express

BOCKWURST, BROILER, ZUKUNFT
Die fünfziger und sechziger Jahre

Leuchtendes Rot

»Hol Salz, hintenrum!« sagte meine Großmutter eines Abends nach dem Krieg und schickte mich zu Schummer, dem Lebensmittelhändler. Es war schon zwanzig nach sieben, Ladenschluß. Ich ging über den Hof und klopfte an die Hintertür. Herr Schummer holte das Gewünschte und brachte außerdem ein Weinglas mit etwas Rotem darin. »Das ist für dich«, sagte er, »das ist Marmelade«. Ich trug das Glas vorsichtig und gerade vor mir her, Marmelade, das Wort hatte ich schon mal gehört. Auf dem Heimweg hob ich das leuchtende Rot dicht vor meine Augen, die graue Straße dahinter war nun ganz in das Licht des Gelees getaucht, in seinem Schimmer sah sie rosig und warm aus. Erst zu Hause kostete ich, die Süße des Seltenen hat sich meinen Geschmacksnerven mitgeteilt wie eine geheime Botschaft über das Verhältnis von Mangel und Belohnung.

Das Glas mit der roten Marmelade war, so könnte es sein, eine Art früher Vorbereitung auf ein Leben in der Mangelgesellschaft, in der der Nachkrieg nie aufgehört hat und die immerwährende Erinnerung an die Schrecken des Krieges dazu diente, Versorgungslücken und Engpässe mehr oder weniger demütig zu ertragen. Hauptsache satt und ein Dach überm Kopf.

Die rote Marmelade und das weiße Kuchenbrötchen aus der HO hatten ein erstes Leuchten in die kulinarische Finsternis meiner Kindheit gebracht. Und die weißen Negerküsse! Meine Mutter schleppte sie in dünnen grauen Pappkartons durch den nach Friedensware lechzenden Berliner Westen und verhökerte sie für fünf Mark das Stück an betuchte Geschäftsleute: »Kosten Sie mal, schmeckt wie in

Friedenszeiten!« Ein Biß, und das zarte Gebilde war nur noch ein schöner Gedanke. Daß dem Negerkuß der seinen Namen rechtfertigende Schokoladenmantel fehlte, überging sie taktvoll. Meine Mutter trug auf ihren Negerkuß-Touren einen weißen Lammfellmantel, der aus einer Plünderung stammte. Wenn sie abends zurückkehrte, bekam ich ein oder zwei weiße Küsse, die sich nicht verkaufen ließen, weil sie zerquetscht waren.

Ansonsten wurde der Hunger kurzzeitig unterbrochen durch die dünne Kürbissuppe in der Gaststätte gegenüber unserer Wohnung. Ich aß jedesmal drei Teller, für zehn Minuten war ich satt; wenn wir das Lokal verließen, fühlte ich mich so hungrig wie zuvor. Damals kannte ich die Weisheit noch nicht, die ich später in einer Zeitung aus dem Februar 1947 entdeckte:

Möglichst wenig dünne Suppe kochen

Nicht versuchen, durch Wasser das Essen zu verlängern, um den Magen zu füllen! Man verwechselt das Gefühl der Fülle mit dem der Sättigung, das belastet den Verdauungsapparat mit völlig nutzloser Arbeit, und man ist gleich wieder hungrig. Weiterer Ratschlag zur Bändigung des Hungers: Wenig trinken! Keine Flüssigkeit zu sich nehmen während der Mahlzeit, um die Verdauungssäfte nicht zu verdünnen. Ein Viertelliter Flüssigkeit am Tage genügt im allgemeinen. Alles Eßbare in Schränke wegräumen! Denn schon beim Anblick von Speisen sondern Mund, Magen und Darm Verdauungssäfte ab, die Hungergefühle hervorrufen.

Dieser Hinweis hätte mir damals nichts geholfen, weil bei uns zu Hause nichts Eßbares rumlag. Das Brot, die Marmelade, die Kartoffelschalen, die fettlos gebratenen Plinsen, die zehn Pfund Pfefferminzfondants, die meine Mutter eigentlich auf dem Schwarzen Markt verkaufen wollte – alles wurde sofort aufgegessen.

Weihnachten 1947 stand ein echter Kaninchenbraten auf dem Tisch, in wochenlangem Briefwechsel von Verwandten in Mecklenburg erbettelt. Allein der Duft machte die Hungrigen glücklich. Als es soweit war, konnte ich nichts essen, denn neben dem dürren, von Lametta glitzernden Weihnachtsbaum lag eine Puppe. Keine aus Lumpen gemachte, nein, aus Zelluloid war sie, eine richtige Puppe, die die Augen aufschlagen konnte. Die Freude machte mich stumm, der Hunger war weg. Vielleicht mochte ich das Kaninchen nicht essen, weil mein Wintermantel aus Kaninfell war, er stammte aus derselben Plünderung wie der Lammpelz meiner Mutter. Oder es war der Schlager, den ich aus dem Radio kannte: »Bei mir zu Haus auf dem Balkon, da steht ein alter Pappkarton, darinnen haust Tusnelda, unser Hühnchen, und nebenan, da wohnt der Maxe, das Kaninchen.« Man ißt doch nicht seine Untermieter. Die meisten sahen das anders.

»Was man aus einem Kaninchen alles machen kann«, ein zeitgenössischer Ratschlag.

Am Schlachttag Tiegelwurst. Blut auffangen, gut verrühren und mit eingeweichter Semmel oder mit dickem Grützbrei verarbeiten. Mit Zwiebel, Salz, Majoran und Pfeffer würzen und mit etwas Fett durchbraten. Am nächsten Tag kommt die Leber auf den Tisch. Gewaschen, in dicke Scheiben geschnitten, in Mehl gewendet, zart mit Salz und Pfeffer bestreut, in heißem Fett zusammen mit Apfel- und Zwiebelscheiben gebraten – ein ganz feiner Bissen! Hasenpfeffer wird aus Kopf, Herz, Lunge, Milz und Hals mit einer braunen, süßsauer abgeschmeckten

Tunke zu Pellkartoffeln gekocht. Sülze können wir dann aus den gut gesäuberten und gründlich gewässerten Eingeweiden zusammen mit etwas Gemüse und Geleepulver bereiten. Aus den Bauchlappen machen wir mit Semmel- und Zwiebelfülle und einer würzigen Tunke Fleischröllchen. Rücken und Keulen, eingelegt in Essigwasser oder Buttermilch, sind inzwischen mürbe geworden und geben den Festtagsbraten zu Klößen und Kraut. Und mit den Hasenfettgrieben backen wir zum Schluß noch eine Linzer Torte.

Auch in meinem weiteren Leben habe ich niemals einen Kaninchenbraten angerührt. Nicht mal zu der Zeit, als der Goldbroiler berühmt geworden war, als man seinen Erfolg mit der industriellen Mast von Karnickeln wiederholen wollte und das Versuchstier öfter auf dem Speiseplan der Kantine stand, Broika – Broilerkaninchen. Vermutlich wäre ich auch mit dem Gänsebraten nicht zurechtgekommen, den es bei einer Mitschülerin jedes Jahr zu Weihnachten gegeben hat. Wochenlang vorher durfte sie nicht baden, weil in der Badewanne eine Gans saß. Die Gans wurde mit Knödeln fett gestopft, Weihnachten war sie dann reif zum Schlachten.

Du siehst ja wieder aus wie Braunbier mit Spucke, stöhnte meine Mutter in den hungrigen Jahren öfter und klatschte mir kleine Backpfeifen ins Gesicht, bevor wir irgendwo zu Besuch gingen, so sollten sich meine Wangen röten. Trocken Brot macht Wangen rot – achtzig Prozent der deutschen Kinder waren unterernährt.

Auf ihrem Gründungsparteitag 1946 erklärte die SED, daß sie die »dringlichste Gegenwartsaufgabe« darin sehe, die Lebenslage der Bevölkerung zu verbessern. Das Abendessen nach dem historischen Handschlag zwischen SPD und KPD, zwischen Otto Grotewohl und Wilhelm Pieck, soll in einem der vom Krieg am wenigsten zerstörten Restaurants stattgefunden haben, im heutigen Berliner Promineneentreff Borchardt, alte Pracht im Nachkriegszustand, die Speisekarte ist nicht mehr auffindbar.

Tatsächlich verbesserte sich meine Lebenslage entscheidend. In unserer Straße hatte im Juli nach dem Kaninchen-Weihnachten ein Eisladen aufgemacht. Eis – was war das? Es befand sich zwischen zwei Waffeln, an jeder Seite konnte man lecken, man mußte nur aufpassen, daß es nicht wegschmolz in der Sommerhitze. Eine Bande barfüßiger Schlüsselkinder starrte gebannt in die langsam rotierende Maschine mit der großen, gelben Masse. Die erste Eiswaffel – ein Mirakel.

Der Wiederaufbau der Körper

Die Rationen auf den Lebensmittelkarten wurden allmählich größer, sie kamen jetzt auf siebzig Prozent des vom Völkerbund angegebenen Existenzminimums. Amerikanische Care-Pakete, die vor allem in die Westsektoren gingen, und sowjetische Stalin-Pakete, die »Pajoks« für Angehörige der deutschen Intelligenz, erreichten mich nicht. Mit einer Ausnahme. Irgendwie kam ich an das Milchpulver aus den Ami-Paketen. Ich weiß noch die flaumige Süße, den Geruch nach Vanille und daß ich das Pulver im Dunkeln unverdünnt mit dem Löffel gegessen habe, es war gerade Stromsperre. Eine Kostprobe von Marshallplan und Wirtschaftswunder im Westen, wo nach der Währungsreform 1948 über Nacht volle Schaufenster die Ausgehungerten verblüfften. Die ganze »Friedensware«, alles wieder da, Rhabarber, Blumenkohl, Spinat. Leberwurst und Schweineschnitzel. Zitronen, Apfelsinen, Bananen. »Gute Ware für gutes Geld« – die D-Mark war geboren. Ich jedoch lebte da, wo bis 1954 Reparationszahlungen an die Sowjetunion geleistet wurden. Wo erst 1958 die Lebensmittelmarken abgeschafft wurden. Wo das Wirtschaftswunder auf sich warten ließ, solange die DDR bestand und lange über sie hinaus.

Der Westen war immer dabei, Goldmarie schüttelte ihre Betten, daß die Flocken stoben. Der Wohlgeruch des Wohlstands wehte vom Wedding herüber in den Prenzlauer Berg, ein betörendes Gemisch aus Apfelsinenkisten, den Sahnebonbons der Firma Storck, die man für zwei Westpfennig aus dem Automaten ziehen konnte, und dem Würstchendampf aus Imbißbuden, die mit bunten Lämpchen behängt waren.

Neulich hauchte mich der fast vergessene Atem der freien Welt unversehens auf dem U-Bahnhof Oranienburger Tor an. Das Bukett von Fa-Seife, die neben After eight lagert, breitete sich aus, die Schwere von Opium-Parfüm über der Bonbonsüße von Bubblegum, die Frische von Sunil, die über den Tabakduft von Marlboro triumphiert – zeig dich, Eden Intershop, du Gespenst des Kommunismus! Es stellte sich heraus, daß das nostalgische Aroma als chemischer Duftzusatz in den Reinigungsflocken steckte, mit denen der Bahnsteig gebohnert wurde. Berlin bleibt seinen Gerüchen treu, Berlin riecht nach gestern.

In den ersten »Freien Läden« der HO konnte man ohne Marken einkaufen. Falls man Geld hatte. Die HO war ein Schlag gegen den Schwarzen Markt und das Negerkuß-Geschäft meiner Mutter, die Friedensware war jetzt legal zu haben. Das staatliche Handels-Imperium HO sollte in den kommenden Jahren nach und nach die meisten der privaten kleinen Läden aufkaufen. Auf den Theken der Tante-Emma-Läden standen bis zum Schluß riesige Bonbongläser mit sehr roten Himbeeren und sehr grünen Maiblättern, die privaten Händler bemühten sich darum, eine bessere Verkaufskultur zu demonstrieren als die Handelsorganisation. Oder sie gaben ihre Geschäfte günstig an die HO ab, wurden zu Verkaufsstellenleitern ihres ehemaligen Ladens und führten fortan eine volkseigene Existenz, ein Leben ohne Geschäftsrisiko. Was zur Folge hatte, daß sie sich nun ebenfalls nicht mehr um Verkaufskultur kümmerten und sich wohlig dem volkseigenen Schlendrian anschlossen.

Die HO war die Pechmarie der DDR-Wirtschaft, faul und herzlos. Eine Handelskette, die sich vierzig Jahre lang als unfähig erweisen sollte, das Gemüse frisch, den Fisch genießbar und das Brot knusprig in die Läden zu bringen. HO hieß »Hamwanich-kriegen-wir-auch-nich-rein«, bedeutete leere Regale, alte Schrippen, zerbrochene Flaschen, tropfende Milchtüten, stinkende Kartoffeln, pampige Verkäuferinnen.

Chiu, Chiu, Chiu, Choo
Käse gibt's in der HO
Vier, fünf Stunden muß man stehn
Aber Käse kriegt man keen zu sehn.

Der HO-Boogie ist eine Vorahnung des Kommenden gewesen. HO wurde gleichbedeutend mit einer langen Schlange von Versäumnissen, der Name für das große Grau der sozialistischen Mangelwirtschaft. »Grau ist's immer, wenn ein Morgen naht«, heißt es in Brechts Aufbaulied, ein Trost, der sich bis zum Mittag verbrauchte.

Zunächst jedoch erlebte die HO eine kurze Glanzzeit. »Hier wird kein Käufer übervorteilt oder ausgenützt«, pries 1954 der Leipziger Volkswahlausschuß den volkseigenen Handel. »In den Lebensmittelläden des staatlichen Handels bekommst du alles, was Du brauchst – von Südfrüchten bis zu Bücklingen. Die einfachen Menschen, die Du hier findest, kaufen so wie Du in ihrem eigenen Laden. Der staatliche Einzelhandel bietet Dir alles, ohne daß jemand daran verdient.«

Was sich zuvor ausschließlich illegal organisieren ließ, organisierte die Handels-Organisation legal. Hier gab es, was knapp war und sonst nur in geringen Rationen auf Marken verkauft wurde. Schweinefleisch für hundert, Margarine für hundertzehn und Zucker für dreiunddreißig Mark das Kilo. Bei der Eröffnung der HO-Läden kostete die Butter einhundertdreißig Mark je Kilo, ein Jahr später nur noch vierzig. Im Dezember 1951 bekam man das Kilo Butter für zwanzig Mark. 1958 dann wurde der einheitliche Verbraucherpreis auf zehn Mark je Kilo festgelegt, er blieb verbindlich bis zum Schluß.

Wer allerdings im Herbst 1949 in einem »Freien Restaurant« Mittag essen wollte, in einer späteren HO-Gaststätte also, sollte zuvor sein Geld als Schieber gemacht haben, nur die konnten sich ein Schweineschnitzel mit Bayrischkraut und Kartoffeln für neunundzwanzig Mark leisten oder eine Portion Sprotten in Öl mit Kartoffelsalat für zwölf Mark. Erschwinglich für den kleinen Nachkriegsmann war allein das Würstchen. Der erste HO-Kiosk am Bahnhof Friedrichstraße in Berlin verkaufte am Eröffnungstag in anderthalb Stunden eintausend Paar Wiener Würstchen, das Paar für drei Mark fünfzig, die Wurst wurde in silbrigen Kesseln heiß gemacht. »Ich hab so schrecklich Appetit auf Würstchen mit Salat« – der Schlager des singenden Rechtsanwalts Bully Buhlan ließ den Abgemagerten das Wasser im Mund zusammenlaufen. Wiener Würstchen und Bockwurst blieben bis zum Schluß das beliebteste Fastfood des DDR-Essers. Wenn seine gesundheitsbewußte Gattin Lotte nicht dabei war, hat auch Walter Ulbricht Bockwurst gemampft. Mich überkommt noch heute manchmal, unerwartet, aber mit Macht, die irrwitzige Lust auf eine angeräucherte Bockwurst aus Eberswalde – sie schmeckt nach Anfang.

Unsre Welt wird schön
Und wir sind froh, wieso, wieso?

Das kommt bestimmt
wie man's auch nimmt
Von der HO

So besang ein Kinderchor die neuen Läden.

Auch Bohnenkaffee, Schweineohren und Buttercremetorte konnte man in der HO kaufen. Die Buttercremetorte zog sich durch meine Kindheit als gehaltvoller Beweis dafür, daß es vorwärtsging. Am Abend vor Geburtstagen bohnerte meine Mutter die Steinholzfußböden unserer kleinzimmrigen Wohnung in der balkonlosen Neubausiedlung. Am Morgen stand die Buttercremetorte auf dem Frühstückstisch, groß, dick, weiß und fett, eine sahnige Ikone des Fortschritts, ein Pâtisserie-Dampfer, der ablegte zu den noch fernen Ufern der Fettsucht.

Essen war Wiederaufbau. Wiederaufbau des eigenen Körpers. Die späte Heimkehr meines Vaters aus russischer Gefangenschaft ist für mich untrennbar von Rotwein mit Eigelb und Traubenzucker. Jeden Morgen bekam der fremde Mann das stärkende Getränk. Ich fand, daß er wohlgenährt aussah, die Erwachsenen sagten, er sei aufgedunsen von den Wassersuppen in Sibirien. Rotwein mit Ei sollte Wunder an Kraft und Regeneration bewirken und die ruinöse Ehe meiner Eltern wieder zu dem machen, was sie vor dem Krieg gewesen sein soll: ein starkes Gebäude der Liebe. Aus dem Eiweiß durfte ich mir Eierschaum schlagen.

Der Wiederaufbau der Körper geschah auf vielfache Art. Die Schwedenspeisung, mit der dünne deutsche Kinder aufgepäppelt wurden, fand ihren täglichen Abschluß in einem Eßlöffel Lebertran. Der ekelhaften Nachspeise war nicht zu entkommen, Rotkreuz-Schwestern mit Fischtran-Löffeln in den Händen versperrten entschlossen den Ausgang, ich gab das gute schwedische Essen wieder von mir.

In der Schule bekamen wir eine Kelle süße rosa Suppe ins mitgebrachte Feldgeschirr oder Milchnudeln, deren molkig saurer Geruch sich in den Ritzen des kalten Schulhauses für alle Zeiten festsetzte. Wer mit Aluminiumlöffel und Blechtopf am Henkel an der Schulspeisung teilnahm, erhielt ein Essen, in dem sich laut Anordnung zur Durchführung der Schulspeisung von 1950 fünfzig Gramm Roggenmehl, zwanzig Gramm Nährmittel, zehn Gramm Fleisch, fünf Gramm Fett und zehn Gramm Zucker befinden mußten. Besteck war mitzubringen. Das Essen kostete dreißig Pfennig und wurde staatlich subventioniert. Ab 1958 kam die Schulmilch dazu, täglich ein Viertelliter, später gab es auch Schoko-, Erdbeer- und Bananenmilch. Ende der achtziger Jahre nahmen sechsundachtzig Prozent der Schüler an der Schulspeisung teil, fünfundsiebzig Prozent tranken Milch. Das Essen kostete fünfundfünfzig Pfennig, eine Mark fünfunddreißig gab der Staat dazu, Kinderreiche zahlten gar nichts.

Nachmittags haben wir uns Bonbons gebraten, aus Fett und Zucker. In der Pfanne wurden sie zu einer harten braunen Masse, die man nicht kauen, nur lutschen konnte. Irgendwann erschienen in den Geschäften Büchsen mit dicker Kondensmilch, die zum Süßen von Kaffee gedacht war. Man konnte sie genausogut mit dem Löffel essen. Es soll die dicke Kondensmilch immer noch geben, in russischen Spezialgeschäften, ich werde nachher eine Büchse davon kaufen und zusehen, wie die Milch langsam vom Löffel läuft im trägen Fluß der Verheißung von Süße und Sattheit; ihr Geschmack wird mir das Erinnern leichter machen.

Der Wiederaufbau der Körper hatte einen speziellen Geruch. Wegen der Stiftkinder – Kriegswaisen, die in einem katholischen Stift Unterschlupf gefunden hatten – roch der Klassenraum schon am Morgen nach Zwiebeln. Die Stiftkinder sollten dank der rohen Zwiebeln, die sie im Katharinenstift zum Frühstück essen mußten, zu kräftigen Christen heranwachsen.

»Deutschland, du liebe Heimat, deine Jugend will dich neu erbauen«, sangen wir alle zusammen im Schulchor. »Drum schlag deine Augen auf, und sieh, neu der Tag beginnt. Unsre Lieder und die blauen Fahnen wehen im Wind.« Das Lied brachte mich jedesmal zum Heulen, eine Abart des Pawlowschen Reflexes, der immer dann einsetzte, wenn von einer glücklichen Zukunft die Rede war: »Drum schlag deine Augen auf, und sieh, neu der Tag beginnt« – an der Stelle war es. Die Stiftkinder grinsten mit ihren Zwiebelmündern, die junge Neulehrerin betrachtete mich mit Rührung. In den Pausen lutschten wir getrocknete Kartoffelstückchen und Mohrrübenscheiben, ebenfalls getrocknet.

Mehlschwitze und Aufruhr

Zu Hause gab es Plinsen aus Wasser und Mehl, Kohlrübeneintopf oder Sellerieschnitzel. Oder Bouillonkartoffeln, eine klare Brühe mit Kartoffelstückchen, gekocht aus Knochen, die der Schlächter Machmüller von morgens bis abends auf unserem Hinterhof zersägte. Die Knochensäge erzeugte ein durchdringendes Quietschen sowie den Gestank nach Verbranntem. Kein Fleisch, greinte die Säge, kein Fleisch! Ein klägliches Jammern über die fleischlose Welt. Die Bouillonkartoffeln in ihrer würzigen Sanftheit schienen mit dem Quietschen und dem Gestank und dem Jammern nichts zu tun zu haben, wenn sie in der sonnigen Brühe freundlich auf dem tiefen Teller lagen.

So auch am 17. Juni 1953, als die Bauarbeiter der Stalinallee gegen die Normerhöhungen und die schlechte Versorgungslage auf die Straße gingen. Meine Eltern, hoffnungsvolle Mitglieder der SED, fürchteten sich vor der empörten Arbeiterklasse, die Unter den Linden demonstrierte und schrie: »Brot, gebt uns Brot, oder wir schlagen euch alle tot!« Nach dem Teller Bouillonkartoffeln sagte mein Vater: »Genug für heute!« und brachte mich in Sicherheit zu Bentheimers, einer befreundeten Familie, von der bekannt war, daß sie »westlich eingestellt« war und daß Herr Bentheimer »drüben« arbeitete. Ich ging für einen Nachmittag in die Emigration, zwei Häuser weiter, wo ich einen Liebesknochen bekam und eine Banane. Dort blieb ich, bis die russischen Panzer die Lage geklärt hatten. Erst sehr viel später habe ich erfahren, daß der mit Vanillepudding gefüllte Liebesknochen mit bürgerlichem Namen Éclair hieß.

Die Aufständischen hatten der DDR-Führung klargemacht, welche Gefahr die Mangelwirtschaft für die Macht bedeutete. »Ich sage euch, Genossen, die Unruhen um den 17. Juni begannen mit der Erhöhung der Marmeladenpreise«, hat Erich Honecker später an passender Stelle immer wieder gewarnt und sich fest vorgenommen, es anders zu machen, falls er an die Macht kommen sollte; unter seiner Herrschaft sollte keiner teure Marmelade kaufen müssen. Marmelade – der rote Sprengstoff! Geschockt vom Juniaufstand, beschloß die Regierung »eine ernsthafte Verbesserung der wirtschaftlichen Lage« und »die Verbesserung der individuellen Konsumtion«.

Da trat der Westen auf den Plan und bot großmütig Hilfe an. Die Ausgabe von Lebensmitteln aus der Bundeshilfe für die Ostzone und den Ostsektor werde vorbereitet, schrieb der West-Berliner »Telegraf« am 24. Juli 1953. Jeder Bewohner aus dem Osten solle ein Paket erhalten, das ein Kilo Mehl, eine Kilodose Schmalz, ein Pfund Hülsenfrüchte und vier kleine Dosen Kondensmilch enthalte. Hundertfünfzigtausend Rationen seien nach ersten Schätzungen bereits ausgegeben worden, meldete »Der Tagesspiegel« am 30. Juli desselben Jahres. Das Angebot der amerikanischen Regierung, Lebensmittel im Wert von fünfzehn Millionen Dollar an die Bevölkerung der Deutschen Demokratischen Republik zu liefern, wurde in der fortschrittlichen Presse als Beleidigung gebrandmarkt. Bertolt Brecht schrieb in seinem Ferienhaus in Buckow ein Gedicht:

An Kanonen gelehnt
Teilen die Söhne Mac Carthys Schmalz aus.
Und in unendbarem Zug, auf Rädern, zu Fuß
Eine Völkerwanderung aus dem innersten Sachsen.

Wenn das Kalb vernachlässigt ist
Drängt es zu jeder schmeichelnden Hand, auch
Der Hand seines Metzgers …

Hastig rollten Lebensmitteltransporte aus der Sowjetunion an, beladen mit Butter, Schmalz, Speiseöl und Fischkonserven, für das Jahr 1953 versprach der große Bruder eine Million Tonnen Getreide. »Da macht das Verkaufen noch mehr Freude«, verkündete die Fachverkäuferin Gerda G. aus dem HO-Lebensmittelgeschäft in der Berliner Rathausstraße und lächelte zukunftstapfer in die Kameras der Zeitungsreporter.

Unter den Fischkonserven muß auch Kamtschatka-Krebs gewesen sein. Auf dem Kindergeburtstag einer Schulfreundin lag das leuchtend weißrote Meeresfrüchtefleisch, mit Mayonnaise angemacht, auf Weißbrotscheiben, es schmeckte süß und herb in einem. Bei uns zu Hause tauchte es nicht auf, man wußte nichts damit anzufangen, nichts mit der kyrillischen Schrift und nichts mit dem roten Tier auf der Büchse, einem Tier, das aggressive Scheren hatte. In meiner Familie waren alle für den Frieden, was sollte ihnen ein kriegerischer Krebs. Die sowjetischen Büchsen mit dem Krebsfleisch muß es mehrere Jahre lang gegeben haben.

Das »Magazin« vom März 1959 lobte die chinesische Küche, die in der ganzen Welt Furore mache, »nur bei uns nicht!«. Dazu veröffentlichte die Redaktion ein chinesisch angehauchtes Rezept:

Rührei mit Krebsfleisch

6 Eier, 1 Dose sowjetisches Krebsfleisch, 2 Zwiebeln, 2 Champignons, 3 Teelöffel Schmalz oder Öl, 3 Teelöffel süßen Wein. Wir schlagen die Eier mit Salz, Pfeffer und Wein. Das Krebsfleisch braten wir mit der geschnittenen Zwiebel und den Pilzen in heißem Fett ungefähr eine Minute. Nun schütten wir die Eier über das Krebsfleisch, mischen und lassen das Gericht noch auf dem Feuer. Mit Reis serviert appetitanregend, aromatisch und sättigend.

In den Sechzigern hat es eine Saison lang kubanische Langusten gegeben, im Operncafé konnte man sie an der Bar bestellen und bekam ein Langustenbesteck dazu. Lukullische Zwischenspiele, die zeigten, was möglich gewesen wäre zwischen den Bruderländern. Daß allerdings ein DDR-Kochbuch-Klassiker noch 1982 keß das Kapitel »Früchte des Meeres, Krebse, Langusten, Muscheln u. a.« aufschlug und so tat, als wären Frutti di mare das Normalste von der Welt und jederzeit verfügbar, war reine Aufschneiderei.

»Einen guten Hummer mit Messer und Hammer erst einmal längs, dann mehrmals quer teilen«, stand da. Hätten wir doch glatt gemacht! »Der leicht süßliche, feine Geschmack der Langusten«, hieß es weiter, bleibe am besten erhalten, wenn Wasser ohne Salz und Essigzugabe verwendet werde. Auch daran hätten wir uns gern gehalten. Es kommt noch besser: »Die weit geöffneten Muscheln mit einem Schaumlöffel herausnehmen!« Den Löffel hatten wir, doch wo waren die Muscheln? Allein der Begriff Frutti di mare ist zeitweise tabu gewesen, er durfte laut Anweisung der Agitationsabteilung des Zentralkomitees der SED nicht in der Zeitung gedruckt werden. Was es in der DDR nicht gab, durfte nicht existieren, um keine »künstlichen Bedürfnisse« zu wecken. Aber wie man sieht, waren da Nischen, Kochbuchnischen. Sollte die Erwähnung der verbotenen Früchte eine Art subtiler Rebellion der Kochbuchautoren gegen die Mangelwirtschaft gewesen sein? Wollten die Kochbuchpartisanen in aufrührerischer Absicht durch die bloße Nennung der Wörter aufmerksam machen auf das Fehlen dessen, was sie bezeichneten? Das Aroma von Meeresfrüchten jedenfalls kam in meinem Vorwendeleben so selten vor, daß ich es mir vorgemerkt habe.

Mager der Zukunft zugewandt saß ich auf der Schulbank, im Einklang mit meiner Zeit; außer Vollmilch-Nuß-Schokolade und Wrigley-Kaugummi hatte ich alles, was ich brauchte. Mit bunten Liebesperlen und Drops-Rollen in graufleddrigem Papier kam ich gut über die Runden. Ich nahm an der Schulspeisung teil, mit Unterbrechungen. Da ging ich zu meiner Großmutter Mittag essen, Lungenhaschee oder süßsaure Nierchen, schlichte Gerichte von gleichmäßig grauer Farbe. Wenn es Fleisch gab oder gebratene Leber mit Zwiebelringen und brauner Butter, aß ich die Kartoffeln mit der Soße auf und ganz am Ende erst das Fleisch. Das Schönste zum Schluß, die Vorfreude verlängern, sich das Gute verdienen!

Meine Großmutter machte alles mit Mehlschwitzen. Mehl und Fett wurden zusammengerührt, gewürzt und mit Wasser zu einer braunen Soße verlängert, mal hell-, mal dunkelbraun. Auch Gemüse und Eintöpfe hat sie mit Mehlschwitze angedickt. Flüchtlinge erzählten, daß die Mehlschwitze aus Ostpreußen nach Berlin gekommen ist, meine Großmutter stammte aus Hamburg-Altona. Zur Mehlschwitzensoße gab es Kartoffeln, mehlige natürlich, bisweilen krümelig zerkocht. Noch heute wähle ich auf dem anmutigen Wochenmarkt vor unserer Tür unter den vielen Kartoffelsorten nicht La Ratte oder Celine, sondern Adretta, eine mehlig kochende Sorte.

»An der Adretta erkennt man den Ostler«, sagt der glatzköpfige junge Gemüsehändler aus Brandenburg, der mit seinem maßvoll auf Öko ausgerichteten Stand großen Erfolg hat. Der Westler wählt fest kochend, das sieht überschaubarer aus auf dem Teller, kultivierter, nicht so gierig, eben französischer. Warum zieht der Ostler die Mehligen vor? Er will, weil alles anders geworden ist in seinem Leben, die Kartoffel, die er schon immer haben wollte, aber selten gekriegt hat, denn die Kartoffeln der DDR waren entweder erfroren und süß wie Schweinekartoffeln, wurden beim Abkühlen blau, oder es wuchsen aus ihnen riesige Keime, die der Kartoffel Saft und Kraft raubten. Der Ostler will die mütterlich weiche, mehlige, sanfte Adretta, die übrigens in der DDR, sagt der Gemüsehändler, auch schon Adretta hieß. Es muß sie sehr selten gegeben haben damals, oder sie wurde bis zur Unkenntlichkeit mißhandelt, durch falsche Lagerung oder verzögerten Transport oder beides zusammen, ein Opfer des volkseigenen Obst- und Gemüsehandels. Aber manchmal, glücklicher Zufall wohl, muß sie so ähnlich geschmeckt haben wie heute, sonst könnte ich mich nicht nach ihr gesehnt haben. »Ich such die Ivetta, und keiner weiß, wo sie ist«, sang der tschechische Schlagerstar Jiři Korn und suchte vermutlich alles andere als eine Kartoffel.

Die Suppe des Sozialismus

Von der Sowjetunion lernen heißt kochen lernen. Schon früh bemühte man sich um die Küchen der Bruderländer. In Zeitschriften wurden »Kulinarische Reisen« in die Sowjetunion, nach Polen, Ungarn und Bulgarien unternommen. Erste Anregungen für die Zubereitung von Borschtsch, Kebabscheta, Palatschinken und Bigos tauchten auf; es gab einen bescheidenen Boom von Balkan-Restaurants. In der Berliner Stalinallee waren das »Café Warschau« und das »Haus Budapest« eröffnet worden, in Dresden das »Café Praha«. Ich erinnere mich hauptsächlich an ungarischen Gulasch. Er schmeckte wie deutscher, nur daß Paprika dran war. Und an Szegediner Gulasch, der war mit Paprika und Kraut. Der Weg des ungarischen Gulaschs in die deutsche Hausmannskost war lange vorher schon durch die Operette geebnet worden. Gulasch – so feurig wie die Ufa-Film-Step-Diva Marika Rökk aus Budabudapest. »Und was hat er geklaut? Ein Szegediner Gulasch mit Paprika und Kraut« singt der Buffo in der Operette »Die Perle von Tokaj«.

Schaschlik, Plow und Letscho rückten an, das bis zum Überdruß geliebte balkanesische Fertiggemüse aus Paprikaschoten, Tomaten, Zwiebeln und Gewürzen. Und natürlich Soljanka, die berühmte russische Suppe, die in fast jeder HO-Gaststätte auf der Speisekarte stand und deren Qualität so heftig schwankte wie die Versorgungslage. Soljanka – die Suppe des Sozialismus, Ostalgiker sehen noch heute in der Wolke ihres heißen, scharfen Dampfes Hammer und Sichel aufscheinen; in Ostdeutschland steht sie immer noch auf der Karte jedes bürgerlichen Restaurants zwischen Ahlbeck und Zittau. Die Soljanka war unsere Einzige, sie hatten wir ins Herz geschlossen, ihr sind wir treu geblieben.

Soljanka

In Scheiben geschnittene Jagdwurst in Streifen schneiden und zur Zwiebel geben. Alles kräftig durchschwitzen lassen, aber nicht anbraten. Dann die in Streifen geschnittene Salzgurke, Kapern und Tomatenmark zugeben und ebenfalls anschwitzen. Mit Fleischbrühe auffüllen. Aus gestoßenem Piment, Pfefferkörnern, Lorbeerblatt, Salz, Zitronenscheiben und Wasser einen Sud kochen, durchseien und in die Soljanka geben. Die Suppe mit Zitronenscheiben, gehacktem Dill und saurer Sahne servieren.

Die Bruderland-Küche faßte nicht Fuß. Die HO war schwerfällig, zudem reiste man wenig, weil es beschwerlich und kompliziert war, sich Einladungen und Visa zu beschaffen. Persönliche Kontakte sind rar gewesen, unerwünscht. Nach Meinung von Partei und Volksbildungsministerium reichte ein Briefwechsel im Rahmen des Russisch-Unterrichts, um die deutsch-sowjetische Freundschaft mit Leben zu erfüllen. »Dorogaja Galja! Gestern haben wir im Unterricht über das wunderbare Jalta auf der Krim am Schwarzen Meer gesprochen ... Drushba-Freundschaft! Twoja podruga Karla«. Wenn sich fremdes Essen mit nichts verbindet, nicht mit Erlebnissen, nicht mit Reiseplänen, warum soll ich zu Hause in meiner Küche ein Huhn Tabaka zubereiten, warum bulgarisches Mussaka oder transsilvanisches Holzplattenfleisch? Essen ist mehr als essen, es hat eine emotionale Zutat, ein Gewürz mit dem Namen »Weißt du noch«, ein Aroma, das man nicht kaufen kann. Heutzutage ordert manch Reisender fern der Heimat eine Kiste Wein und schleppt sie mit nach Hause, in der Hoffnung, daß sich der ganze Zauber der Fremde, all die Sonnenuntergänge, Blüten und Gefühle noch einmal entfalten mögen. Selten, daß er nicht enttäuscht wird, oft schmeckt der mitgebrachte Wein statt nach Toskana nur nach Korken. An derart subtile Erfahrungen war damals nicht zu denken. Man »paprizierte« seinen Schweinegulasch und pfiff beim Kochen »Die Julischka, die Julischka aus Budabudapest, die hat ein Herz aus Paprika, das keine Ruhe läßt ...«.

meiner Klasse. Wir kriegen Ananas-Bole. Mach's gut, und guten Rutsch ins neue Jahr

Dein lieber Ronny

P. S. Hoffentlich hast du unseren Dresdner Stollen bekommen.

Klar hat Tante Henny den Stollen bekommen. Tausende und Abertausende Stollen wurden in der Vorweihnachtszeit von Ost nach West geschickt, voll mit Rosinen, voll mit bitteren und süßen Mandeln, voll mit Zitronat, alles Mangelwaren im Osten. Um dem Volk die Vorfreude auf Weihnachten nicht zu vermiesen, wurde die Festtagsversorgung zur vorrangigen Aufgabe des Politbüros erklärt. Herr Schalck-Golodkowski, seines Zeichens Devisenbeschaffer, spielte den Nikolaus und schaffte die Stollenzutaten ran, Mandeln, Rosinen und Zitronat gegen Devisen aus dem Westen. Und nun, Schwuppdiwupp, waren sie wieder da, von woher er sie gerade eben teuer gekauft hatte. Mandeln, Rosinen, Zitronate, Devisen – alles wieder im Westen, Herr Schalck als Sisyphos.

1981 meldete das Institut für Ernährungswissenschaften eine Erfindung. Ein zum Patent angemeldetes Verfahren ermögliche es, »durch einen Gärungsprozeß und anschließendes Kandieren grüne Tomaten in Dickzuckerfrüchte zu verwandeln, die vom herkömmlichen Zitronat kaum zu unterscheiden sind«. Erste Backversuche mit der neuen Backzutat seien erfolgreich verlaufen, verkündeten die Wissenschaftler.

Als ich in Ronnys Alter war und in Berlin noch keine Mauer stand, hatte ich statt Tante Henny in Bochum Tante Edith in Spandau. Tante Edith stellte Ölsardinenschnittchen und Schmelzkäse-Ecken auf den Couchtisch, wenn wir sie besuchten. Danach brachte sie einen Teller mit Kästchen von Karina Vollmilch-Nuß-Schokolade. In der Zone gab es zu jener Zeit weder Ölsardinen noch Schmelzkäse-Ecken. Neu war auch, vor dem Fernseher zu sitzen und zu essen. Die Besuche bei Tante Edith waren frühe Proben der Salzstangen-und-Chips-Abende, die wir auf unseren Ostsofas künftig verbringen sollten, mit Westfernsehen und Westwerbung, zuerst auf der messingfarbenen Liege Genua, später auf der Couchgarnitur Ramosa, einem Export-Rückläufer, dessen weiße Leinenkissen fortwährend nach vorne wegrutschten.

Solange private Lebensmittelläden existierten, gab es Brausepulver. Wir schütteten das rosa Pulver in die hohle Hand und schlürften, bis es im Mund schäumte. Sogar richtige Brause war zu haben, Waldhimbeer und Waldmeister, Faßbrause, knallrot und knallgrün, Sprudel auch. Später füllten wir Fruchtsirup – Johannisbeer, Erdbeer und Kirsch – mit Wasser auf, was den Nachteil hatte, daß es nicht sprudelte. Männer mit lauten Stimmen und Schutzstreifen aus Leder auf der Schulter brachten riesige Eisstangen in die Haushalte, man legte sie in die zum Eisschrank aufgerüsteten Fensterschränke der Altbauwohnungen. In der Neubauwohnung meiner Eltern hatten wir so was nicht, dort wartete man geduldig auf den Kühlschrank und stellte Vita Cola, die auf der Leipziger Messe gekürte »Brauselimonade mit Fruchtgeschmack«, im Waschbecken kalt.

Am liebsten mixte ich mir Brause aus Wasser, Essig und Zucker. »Laß das, das verdünnt das Blut!« warnte meine Mutter, die vor der futuristischen Stadtplan-Tapete unseres Wohnzimmers in einem stromlinienförmigen Sessel saß und am Clubtisch genießerisch eine Tasse Bohnenkaffee trank. Jemand hatte ihr zu ihrem vierunddreißigsten Geburtstag einen kleinen braunen Rahmen geschenkt, darin stand in Kunstschrift: »Bohnenkaffee! Täglich erstes Wort. Denkt sie immerfort. Hat sie stets im Haus. Füllt ihr Leben aus. Fehlt bei keinem Schmaus. Bis einst alles aus.« Der Dichter hatte auf der Rückseite vermerkt, daß dieser Vers sein geistiges Eigentum sei und nicht ohne seine Genehmigung weiterverbreitet werden dürfte; er ahnte nichts von dem, was dem Bohnenkaffee-Liebhaber an Verzicht und Verirrung bevorstand.

Frau S. sieht noch heute ihre Mutter vor sich, wie sie die hölzerne Kaffeemühle zwischen ihren Schenkeln hält und langsam, Umdrehung für Umdrehung, andächtig die kostbaren Bohnen mahlt. Wie sie das duftende Pulver Löffel für Löffel aus dem kleinen Kasten der Mühle nimmt und in die geblümte Kaffeekanne mit dem Tropfenfängerschwamm füllt: »Ich seh den Riesenhintern meiner Mutter, während sie sich bückt, um unter dem Küchenbuffet nach der einen Kaffeebohne zu suchen, die ihr entwischt war«, sinniert Frau S. und erinnert sich im gleichen Atemzug an den Sonntagsgeschmack ihrer Kindheit: Rouladen mit Kartoffeln und Rotkohl. »Die mache ich haargenau so, wie meine Mutter sie machte.« Frau S., blond und erfolgreich, fragt den italienischen Kellner, warum die Speisekarte in dem italienischen Restaurant in Mitte, dem Ort unseres Treffens, nur in italienisch sei. Er könne ihr jedes Gericht übersetzen, bietet der Kellner an. Das stellt Frau S. nicht zufrieden, sie richtet ihren Zorn auf die nächste Anstößigkeit: Der Wein ist zu warm. Da hat sie recht. Die Kühlung sei ausgefallen an diesem heißen Sommertag, entschuldigt sich der Kellner und bringt Eiswürfel. »Wein mit Eiswürfeln!« seufzt Frau S., während ich mir die Eiswürfel in den Wein schütte. Immer noch arrangiere ich mich klaglos mit dem Unperfekten, und italienische Speisekarten in einem italienischen Restaurant gefallen mir.

Koche mit Liebe, würze mit Bino!

Meine halbe Jugend verging mit Kartoffelschälen. Wenn meine Eltern Parteiversammlung hatten, mußte ich Kartoffeln schälen, und sie hatten viele Parteiversammlungen.

Bei den eingekellerten Kartoffeln mußte ich die schwarzen Stellen und die Keime rausschneiden. Manchmal auch Kartoffelsuppe kochen. Die Kartoffeln im Wasser zerstampfen, Suppengrün ran, Bino-Würze, fertig. BINO hieß die Speisewürze, die der VEB Elektrochemisches Kombinat Bitterfeld produzierte. Sie sollte der Hausfrau das aufwendige Kochen von Gemüse- und Fleischbrühen ersparen.

»Koche mit Liebe, würze mit Bino!« Das Maggi aus Bitterfeld-Nord, eben BINO, hatte in den Fünfzigern eine riesige Werbeaktion gestartet. In der Modezeitschrift »Sibylle« erschienen halbseitige Anzeigen für die gekörnte Brühe, für die Brühwürfel und die Soßenwürfel, die nach Meinung des VEB BINO in jede Küche gehörten, jedes Gericht erhalte durch sie »eine pikante Note«. »Pikant, bekömmlich, naturrein – Bino.« Pikant war ein Lieblingswort der DDR-Kochbücher und der Frauenzeitschrift-Rezepte. Pikant sollte heißen: gut gewürzt, aromatisch, herzhaft, Beschwörungsformel und verbale Waffe gegen den mächtig aufkommenden Einheitsgeschmack der Gemeinschaftsverpflegung, die sich in meiner Erinnerung zu einem braunweißen Kartoffel-Fleisch-Soße-Reis-Nudel-Berg fügt, den mehr oder weniger freundliche, mehr oder weniger füllige Küchenfrauen aus mehr oder weniger appetitlichen Durchreichen gegen Reinreichen von Essenmarken übergaben. Eines war der Gemeinschaftsgeschmack nicht: pikant.

Zur jeweiligen Bino-Anzeige, beherrscht von einer Schürze tragenden, nichtsdestotrotz gleichberechtigten Frau, gehörte das Rezept für ein regionales Essen. Zum Beispiel für dieses rätselhafte Gericht aus Mecklenburg:

Kalbsschlegel mit pikanter Tunke.

Zutaten: etwas Salz, Speck, Niere, Schinken, Zunge, Pfeffer, Zwiebeln, Knoblauch, Zitronenschalen, Ingwer, Lorbeerblatt, Wein, Bino-Brühwürfel, saure Sahne, Zitronensaft, Bino-Soßenwürfel und Mehl.
Zubereitung: Man klopft, wäscht und salzt einen Schlegel, sticht Löcher in das Fleisch und schiebt in diese Speck, Zunge und Niere sowie kleinfingerdick und fingerlang geschnittenen und mit Salz und Pfeffer bestreuten Schinken. Dann wird der Schlegel mit Speck, Zwiebeln, zähem Knoblauch, etwas Zitronenschale, Pfefferkörnern, Ingwer, einem Lorbeerblatt, Bino-Brühwürfel und Wasser bei Oberhitze 2 Stunden gedünstet und dabei wiederholt mit dem Saft begossen. Wenn der Schlegel mürbe ist und eine schöne Farbe hat, nimmt man ihn heraus, seiht den Saft und hält den Schlegel mit dem Saft warm. Man gibt das Fett in die Schüssel zurück, mischt Bino-Soßenwürfel dazu und macht eine goldbraune Soße, die man mit Wurzelbrühe oder Wasser, Wein, Zitronensaft und ein paar Eßlöffeln saurer Sahne aufkochen läßt.

Die Suppenwürze aus Bitterfeld-Nord wurde, obgleich hartnäckig Maggi genannt, so beliebt, daß sie in das DEFA-Lustspiel »Auf der Sonnenseite« einging: »Koche mit Liebe, würze mit Bino, hin und wieder tut ein DEFA-Lustspiel gut … Spazier nur auf der Sonnenseite, dann wird alles gut!« Ich spazierte auf der Sonnenseite, ich war jung, ich war hungrig, ich war ein einziger Neubeginn. 1956, an einem Sommerabend bei offenem Küchenfenster und »Schlager der Woche« im RIAS, lernte ich die Kartoffelkrokette kennen. Antonio, ein dicker, dunkelblonder Italiener aus Mailand, der ganz und gar nicht wie Raf

Vallone aussah, nicht mal wie ein gewöhnlicher Arrivederci-Roma-Italiener, brutzelte unter Verwendung von sehr viel Öl die weichen, knusprigen Röllchen. Es dauerte lange, die Küche wurde unüberschaubar und roch nach Verbranntem, was meine Mutter wütend machte und sie die Vermutung aussprechen ließ, daß der Italiener schwul sei: Ein Mann, der kocht!

Die Kartoffelkrokette setzte sich flächendeckend durch. Am Ende der DDR hatte sie, gemeinsam mit den Pommes frites, die Salzkartoffel, jedenfalls im Gaststättenwesen, nahezu gänzlich verdrängt. Bei ihrer Einführung auf das Territorium der Deutschen Demokratischen Republik bin ich dabei gewesen, ich war ein Pionier der Krokette.

Haben Sie Würfelzucker?

»Jeder nach seinen Fähigkeiten, jedem nach seinen Bedürfnissen« – es sollte alles noch viel besser werden, wir marschierten in eine lichte Zukunft, daran glaubte ich fest. Wie Walter Ulbricht, der 1958 die »Ökonomische Hauptaufgabe« darin sah, bis 1961 »eine komplexe und reichhaltige Versorgung der Bevölkerung in Stadt und Land und auf Weltniveau zu erzielen« und Westdeutschland im Pro-Kopf-Verbrauch von Fleisch und Butter zu überholen. »Überholen, ohne einzuholen« – der Slogan hatte eine unfreiwillige Komik. In Berlin sagte man zu jener Zeit nicht: Ich gehe einkaufen, sondern: Ich gehe einholen. Überholen ohne einholen – so mochte es gehen. An die Stelle des 1956 angelaufenen Fünfjahrplans trat 1959 der »Siebenjahrplan des Friedens, des Wohlstands und des Glücks«. Ulbricht sah das Wohlleben schon vor sich: »Unser Tisch soll mit dem Besten gedeckt werden, was die Natur zu bieten hat: hochwertige Fleisch- und Milchprodukte, Edelgemüse und beste Obstsorten, früheste Erdbeeren und Tomaten zu einer Zeit, da sie auf unseren Feldern noch nicht reifen. Weintrauben im Winter, nicht nur zu Zeiten der großen Schwemme. Als Sozialisten sind wir uns darüber klar, daß im sozialistischen Lager bis 1965 ein Überfluß an Lebensmitteln erreicht werden soll. Was da auf den Handel zukommt«, halluzinierte der Staats- und Parteichef mit der Fistelstimme, »diese immer mächtiger anschwellende Woge von Lebens- und Genußmitteln aus aller Herren Länder!«

Von heute aus gesehen, macht die Ulbrichtsche Zukunftsvision in ihrer infantilen Prahlerei den Eindruck verrückter Zukunftshörigkeit. Er hat es tatsächlich geglaubt. Der Realitätsverlust, unter dem die DDR von Anfang an litt, der Alzheimer der Utopie, begann frühzeitig.

Die mächtig anschwellende Flut des Überflusses erwies sich als andauernde Ebbe. Die Leute standen Schlange nach Grundnahrungsmitteln. Sie kauften, weil sie ja nun schon so lange angestanden hatten, viel mehr, als sie brauchten. Sie bunkerten, horteten, hamsterten für schlechtere Zeiten. Die Angst, zu verhungern, steckte ihnen noch in den Knochen. Der Nachkrieg war in der Deutschen Demokratischen Republik bis zum Ende gegenwärtig. Die Einschußlöcher an den Häusern starrten wie wachsame Augen aus dem erschöpften Gemäuer. Der Glaube an den Fortschritt hörte beim Essen auf, der Bauch folgt keinem Glauben.

Vor kurzem waren gerade mal die Lebensmittelkarten abgeschafft worden. Die Rationierung von Fleisch, Fett, Milch und Zucker war aufgehoben. Die Einzelhandelsverkaufspreise, die EVP, wurden festgelegt. Alles sollte überall, zu jeder Zeit in jedem Laden, dasselbe kosten. Der Traum stabiler Preise, staatlich gestützt, sollte nun wahr werden. Das Kilo Butter ist von 1958 bis 1990, also über dreißig Jahre lang, für zehn Mark zu haben gewesen, das Halbepfundstück für zwei Mark fünfzig. Ein Dreipfundbrot kostete einundfünfzig, das Brötchen fünf Pfennig, das Kilo Schweinekotelett acht Mark. Grundnahrungsmittel sollten billig sein, um jeden Preis. Ein Pyrrhus-Sieg über den Kapitalismus, erkauft für einen hohen Preis.

Je mehr verbraucht wurde, desto höher stiegen die Kosten der staatlichen Subventionen, desto weniger entsprachen die Preise den realen Kosten. Die Leute aus dem Westen kauften das subventionierte Fleisch und die subventionierte Butter für Pfennige, weil sie ihr Geld eins zu fünf in den Wechselstuben tauschen konnten, für ein Kilo Rindfleisch bezahlten sie im Ostsektor ungefähr zwei Westmark. In den Restaurants war es vorübergehend Vorschrift, den Personalausweis zu zeigen, bevor man bestellte, auf diese Weise würden die West-Berliner daran gehindert, in den Ost-Berliner Gaststätten Schnitzel mit Rotkohl oder Königsberger Klopse für neunzig Pfennig essen zu können. »Ausweis ist vorhanden?« lautete die gelangweilte Frage der Bedienung.

Die Schaufenster dekorierten den scheinbar zwingenden Zusammenhang zwischen Schmalzfleisch und Partei, Bockwurst und Bedeutung, Dosenpyramiden und Zuversicht. Verstaubte Kunsthoniggläser rahmten das Bildnis des heldenhaft rußverschmierten Adolf Hennecke, des ersten Aktivisten der DDR. Büchsen mit Strömlingen in Tomatensauce bildeten den Sockel für den Aufruf zur unverbrüchlichen Freundschaft mit der Sowjetunion. Auf Türmen von Keksrollen thronte der Wahlaufruf der Nationalen Front. Im Schaufenster eines Hutsalons wurde dafür geworben, das Vermächtnis Ernst Thälmanns zu erfüllen und unser sozialistisches Vaterland zu stärken. Hut ab! Ein Foto, aufgenommen in der Endzeit der DDR im Zentrum von Dresden, zeigt ein Schaufenster mit einem Campanile aus Trinkfix-Dosen. Vielleicht war es nicht die verspätete Unfähigkeit zur Gestaltung eines Schaufensters, sondern später Stolz auf das massenhafte Vorhandensein von Trinkfix, dem beliebten Schokotrunk, einer Trumpf-Gestattungsproduktion. Luxus ist relativ.

Der Luxus der Fünfziger bestand darin, sich nudelsatt essen zu können. Viele gingen in den Westen, wo man das ohne weiteres konnte. Rita M. ging auch. Sie wolle sich, sagte sie, das sei der einzige Grund, zu jeder Zeit bei Bolle Schweinebraten mit Krusteln holen können. Das Politbüro befaßte sich derweil mit fehlenden Damenschlüpfern und dem Mangel an Zwiebeln, Nudeln und Dauerbackwaren. Und Würfelzucker.

Die Geschichte vom Würfelzucker enthüllt die rätselhafte Struktur der DDR-Wirtschaft. Ein Funktionär machte im Sommer 1960 einen kleinen Bummel durch Dresdner Geschäfte und entdeckte, daß es keinen Würfelzucker gab. »Im Lebensmittelladen fehlt Würfelzucker«, stellte der Genosse nach seinem Abenteuerausflug in die Wirklichkeit fest und forderte die zuständige Genossin auf, sich zur Würfelzuckerlage zu äußern. Die schlüsselte ihm auf, daß der Handel zwanzigtausend Tonnen benötige, die Gesamtproduktion aber nur achtzehntausendachthundert Tonnen betrage, was sich auch 1961 und 1962 nicht ändern könne, weil die dazu notwendigen Maschinen fehlten. Eine klare Aussage.

Im November 1960 schrieb eine Zuschauerin an den Deutschen Fernsehfunk in Gestalt des Conférenciers Heinz Quermann: »Heute nachmittag haben wir am Bildschirm gesessen und Ihnen gelauscht und dabei auch eine gute Tasse Kaffee getrunken. Voller Neid haben wir Ihnen zugesehen, wie Sie dem Pferd einen Würfelzucker nach dem anderen gefüttert haben, denn wir müssen unseren Kaffee ohne Würfelzucker trinken, weil es in Karl-Marx-Stadt schon wochenlang keinen Würfelzucker zu kaufen gibt.« Woran das wohl liegen möge, fragte die würfelzuckerlose Kaffeetrinkerin den Spaßmacher.

Das Politbüro nun führte sich als Haushaltsvorstand auf, der bloß mal mit der Faust auf den Tisch zu hauen braucht, damit alles wieder seinen sozialistischen Gang geht.

Es beauftragte den Minister für Handel und Versorgung, den Würfelzucker gefälligst in solche Gebiete zu lenken, »wo normalerweise der Verbrauch von Würfelzucker üblich ist«.

Politbüro-Mitglied Willi Stoph, der über die fehlenden Produktionskapazitäten der Würfelzuckerherstellung voll im Bilde war, vergaß ganz einfach die unbequeme Information und behauptete: »Wir sind in der Lage, zum gegenwärtigen Zeitpunkt den Bedarf der Bevölkerung an Würfelzucker voll zu befriedigen.« Aus dem Produktionsmangel machte er einen Verteilungsmangel. Auf sein Geheiß wurde der Würfelzucker im Norden abgezogen und nach Sachsen umgeleitet, von wo die Beschwerden gekommen waren. Auf diese Weise herrschte für eine Weile Ruhe im Land. So lange, bis die Leute im Norden merken würden, daß ihnen der Würfelzucker fehlte.

Auch ich bemerkte die gelegentliche Abwesenheit von Würfelzucker und brachte mir aus Prag Brigde-Zucker mit, mehrere Schachteln auf Vorrat. Der tschechoslowakische Würfelzucker war nicht so grobkörnig wie unserer, er war weißer und zerfiel schneller im Kaffee, die feinen Stücke hatten die Form von Kartenspiel-Symbolen, Pique, Karo, Herz. Trotz ausgeprägter Egalitätssucht hatte der DDR-Bürger etwas übrig fürs Besondere. In der Vorliebe für Brigde-Zucker zeigte sich ein zartes Aufbegehren des Individuellen gegen den Einheitsgeschmack.

Wüster Heißhunger

Der nächste Parteitag, so witzelte man, finde im Harz statt, zwischen Elend und Sorge. Die Versorgungslage fuhr Achterbahn, immer hoch und runter, wieder hoch und wieder runter. Manchmal überschlug sie sich und hing einen Moment lang in der Luft wie die Luftschaukeln auf Rummelplätzen. »Just walking in the rain«, tönte es aus den

Kofferradios, mitten hinein in die Hiobsbotschaften: »Eine Trockenperiode! Ernteverluste!« Für die Frischobst- und Gemüseversorgung könne nicht garantiert werden. Für die Butter- und Milchversorgung auch nicht. Die Botschaft erreichte im Sommer 1959 die Mitglieder des Politbüros. Man solle ab sofort Butter und Käse mit niedrigerem Fettgehalt produzieren, die Sahneproduktion um fünfzig Prozent senken und die Trinkmilchversorgung drosseln, lautete die strikte Anweisung.

In jener Zeit muß es angefangen haben, daß wir uns die Hacken nach Kaffeesahne abgelaufen haben, nach der Kaffeesahne »Immergut«, die es fortan nur noch unter dem Ladentisch gab. Im Künstlerclub »Möwe« verkehrte auch Erwin Geschonneck, ein hochgeehrter Star-Schauspieler. Als er sich nachts gegen drei verabschiedete, ein Herr Mitte Fünfzig in maßgeschneidertem Anzug, winkte er mit der Rechten seinen Künstlerkollegen zu, in der linken Hand hielt er eine Flasche »Immergut«, so was wie einen Oscar der Mangelwirtschaft, den der Oberkellner dem Berühmten zugesteckt hatte. Die weniger Berühmten mußten ihren Kaffee weiter ohne Kaffeesahne trinken. Ein Auftritt, der in seiner volkseigenen Komik so nur in diesem Land über die Bühne gehen konnte.

In manchen Verkaufsstellen fürchtete man sich geradezu vor der Belieferung mit Kaffeesahne. Tauchte der Lieferwagen auf, bildete sich vor dem Laden eine lange Schlange, die spie Gift und Galle, wenn »Immergut« nicht für alle reichte. In solchen Schlangen steckte der von Honecker so gefürchtete Marmeladen-Sprengstoff.

Öfter mal wieder wurde rationiert. Zwar sind keine neuen Lebensmittelkarten eingeführt worden, doch hatte jeder Kunde bei seinem Fleischer und in seinem Lebensmittelladen einen Kundenzettel, wo aufgeschrieben wurde, was er an Fleisch und Butter kaufte. Unter dem Motto der gerechteren Verteilung fand eine Kontrolle des Verbrauchs statt. Zu Hause wurden die Butterstullen immer dicker geschmiert, darüber fette Leberwurst. Nur »gute Butter« kam in Frage, keine Margarine, bloß das nicht. Der Fleischkonsum stieg an, ein Essen ohne Fleisch war kein Essen. Auch im Osten hatte die Fettlebe begonnen, aller Rationierung zum Trotz, möglicherweise sogar angestachelt durch die Limitierung. Fettlebe machen bedeutete, zu essen und zu trinken »wie in Friedenszeiten«. Auch im Osten erhoben sich frühzeitig Stimmen, die vor Überernährung warnten und für eine gesunde Ernährung plädierten, was in Widerspruch zu Walter Ulbrichts Ehrgeiz stand, Westdeutschland im Pro-Kopf-Verbrauch an Butter zu überholen.

1958 schon hatte das Institut für Ernährungswissenschaften eine »Denkschrift zur Sicherung und stufenweisen Verbesserung der Volksernährung als Grundpfeiler für Volksgesundheit und Leistungsfähigkeit« an den SED-Chef geschickt. In dem Papier wurde vor dem überhöhten Verbrauch von Zucker, Fleisch und Eiern gewarnt, der zu leistungsmindernden Gesundheitsschäden führe. In den kapitalistischen Ländern, so die couragierten Wissenschaftler, sei es wegen der Geschäftsinteressen unmöglich, Wandlung zu schaffen. Die sozialistische Wirtschaft hingegen habe die einmalige Chance, eine wissenschaftlich begründete Volksernährung aufzubauen. Es sei abwegig, an der Kalorienhöhe die Verbesserung des Lebensstandards festzumachen. Man solle mehr Geflügelfleisch, Obst und Gemüse anbieten.

Das mit dem Obst und Gemüse klappte nicht, wie wir wissen. Südfrüchte waren Mangelware, die DDR verbrauchte halb soviel Apfelsinen und nur ein Fünftel soviel Bananen wie der Westen. Wir waren besessen vom Braten. Schweinebraten, Rinderbraten, Sauerbraten, Lendenbraten, Hackbraten. Eintausensiebenhundert Gramm Wurst und Fleisch hat jeder DDR-Bürger pro Woche verputzt, dazu kam es zwar erst in den Achtzigern, angesteuert haben wir das Bulettenleben aber bereits in den Fünfzigern.

Doch es gab ein Leben neben der Schlange vor dem Gemüseladen, dem Fleischer, dem Bäcker, ein Sein neben Engpässen und Versorgungslücken, ein Leben, das von schnöder Nahrungssuche nicht berührt wurde. Das unabhängig war vom Vorhandensein oder Nichtvorhandensein von Südfrüchten und Rouladen. Ein Leben, in dem Rock 'n' Roll und erste Küsse eine Rolle spielten und der Saalbau Friedrichshain, ein Tanzlokal, wo »Offen tanzen verboten« gewesen ist und wo selbstverständlich offen getanzt wurde. Die Verbotsschilder waren zum Gaudi da, die Saalordner holten jeden von der Tanzfläche, der nicht eng aneinandergeschmiegt Foxtrottschritte vollführte. Bei der nächsten Runde tanzten alle wieder offen. Jungs in V-förmigen Anzügen forderten Mädchen in gestärkten Petticoats zum Rock 'n' Roll auf und luden sie danach an die Bar ein, wo sie ihnen Tokajer Furmint spendierten, einen ungarischen Weißwein. Wer das tat, wollte damit sagen: Eigentlich gehören Sie nicht hierher, Fräulein, Sie haben was Feineres verdient, nämlich mich, Fräulein! Die anderen bestellten Pfefferminzlikör, Eierlikör oder eine »Prärie-Auster«. Das nahrhafte Getränk aus Tomatenmark, einem kleinen Schuß Weinbrand und einem unzerquirlten Eigelb, gewürzt mit Salz, Pfeffer und Paprika, trank man zum Nüchternwerden, auch die Prärie-Auster diente dem Wiederaufbau der Körper.

Ich kann mich nicht erinnern, daß es im Saalbau etwas zu essen gegeben hätte. Man aß zu Hause, bevor man ausging. Da ich den Saalbau meist am Sonnabend aufsuchte, könnten es süßsaure Linsen gewesen sein, Weißkohleintopf oder Brühnudeln. Oder Erbswurst, eine feste kleine Rolle, die sich im Nu in eine pürierte Erbsensuppe verwandeln ließ. Nachmittags hatte es beim Bäcker vielleicht Petit four gegeben, die kleinen Kuchen, die so anmutig aussahen, weil sie auf einer winzigen gefältelten Serviette ruhten. Sie wirkten so individualistisch, geradezu unsozialistisch. Obwohl keiner ihren Namen aussprechen konnte, waren die »Petis« sehr populär. Daß es sie mal gab und mal nicht, daran gewöhnte man sich, ein spannendes Spiel mit der Ungewißheit. Wenn es keine »Petis« gab, nahm man eben »Amis«, Amerikaner, flache Scheiben mit hellem Zuckerguß; später hießen sie aus ideologischen Gründen nicht mehr Amerikaner, sondern Ammonplätzchen; waren die auch nicht da, wurde Prasselkuchen gegessen.

Meine Bedürfnisse ordneten sich dem Angebot unter, ich nahm, was da war, mein Appetit richtete sich nach dem Vorhandenen. Ich war auf dem schnurgeraden Weg zur sozialistischen Kundin, die ihren Bedarf nach den Gegebenheiten der Volkswirtschaft gestaltete. Die kleinlaute Frage »Haben Sie?« stand am Beginn jedes Verkaufsgesprächs, man durfte durchaus Wünsche äußern. Daß sie meist nicht erfüllt werden konnten, gehörte zu den Herzrhythmusstörungen der Planwirtschaft. »Haben Sie Kaffeesahne?« fragt der Kunde. »Nein, bei uns gibt's nur keinen Schnittkäse, keine Kaffeesahne gibt's nebenan«, antwortete die Verkäuferin. Ein Witz. Die Dankbarkeit darüber, daß es überhaupt was gab, steckte in der Nachkriegsgeneration wie eine Immunisierung gegen Unzufriedenheit. Bei Negerküssen wirkte die Impfung nicht. Wenn monatelang keine aufzutreiben waren, litt ich unter Entzugserscheinungen. Wenn sie endlich ankamen, die Mohrenküsse aus Mecklenburg, waren sie oft vertrocknet, weil der volkseigene Handel nicht in der Lage war, sie rechtzeitig am Produktionsort abzuholen.

Ende der Fünfziger wog ich vierundfünfzig Kilo und hatte meine volle Höhe erreicht, zehn Jahre Teilnahme am DDR-Essen hatten mich groß und stark gemacht. Ich rannte begeistert in die erste »Milchbar« in der Stalinallee. Nach dem Willen der Partei sollte sie »Milch-Trinkhalle« heißen, was sich allerdings nicht durchsetzte. Man konnte da auf Barhockern sitzen und Shakes bestellen, das fand ich sensationell amerikanisch, wo doch in der Regel alles Amerikanische als Unkultur gegeißelt wurde. Es waren aufregende Jahre. Ich trug Sackkleider oder Caprihosen und Existentialistenpullover, selbstverständlich schwarz. Ich saß mit anderen Existentialisten bei rotem Licht auf Matratzen, trank Gin-Fizz und hörte Jazz.

Essen interessierte mich nur am Rande, punktuell. Zum Beispiel wenn in den West-Berliner Grenzkinos während »Fox Tönender Wochenschau« die Eisfräuleins mit ihren bunten Bauchläden durch die Reihen gingen und ich kein Westgeld mehr hatte, mir ein West-Eis zu kaufen. Oder wenn es Erdbeeren gab. Sie waren sandig, nicht blitzblank gewaschen wie heute. Nach Erdbeeren anzustehen hatte etwas Festliches, um die Schlange der Wartenden wehte die Frühlingsluft der Zukunft. Ich aß die Erdbeeren mit Milch und Zucker, dabei hatte ich das Gefühl, daß mein Leben immer schöner würde. Am Abend räumte ich die zwanzig Schubladen unseres Küchenschranks auf. Bei uns wurde jede Tüte, jedes Stückchen Einwickelpapier, jeder Gummiring aufgehoben. »Irgendwann können wir das bestimmt noch mal gebrauchen«, meinte mein Vater in einer seltenen Anwandlung von Häuslichkeit.

Zuweilen steckte mich der wüste Heißhunger meiner Mutter an. Sie stürzte sich, wenn sie vom Schlachter kam, wohin sie täglich strebte, auf das Paket mit der Wurst und das Netz mit den frischen Brötchen. Wir aßen sofort alles auf, am Küchentisch, bis zum letzten Rest, gleich aus dem Papier, die Gutsleberwurst, den Römerbraten, das Corned beef, den Schweinebauch, den Bierschinken, der kühl schmeckte und würzig. Unschuldige Gier.

»Der hat noch niemals eine Speise erfahren, nie eine Speise durchgemacht, der immer maß mit ihr hielt«, schrieb Walter Benjamin. So lerne man allenfalls den Genuß an ihr, nie aber die Gier nach ihr kennen, den Abweg von der ebenen Straße des Appetits, der in den Urwald des Fraßes führe. Im Fraße nämlich kämen die beiden zusammen, die Maßlosigkeit des Verlangens und die Gleichförmigkeit dessen, woran es sich stillt. Fressen, das meinte vor allem: »Eines«, aber das »mit Stumpf und Stiel«. Kein Zweifel, schrieb Benjamin weiter, daß es tiefer ins Vertilgte hineingelange als der Genuß. So, wenn man in die Mortadella hineinbeiße wie in ein Brot, in die Melone sich hineinwühle wie in ein Kissen, Kaviar aus knisterndem Papier schlecke und über einer Kugel Edamer alles, was sonst auf Erden eßbar sei, einfach vergesse.

Einmal hatte der unglücklich in eine russische Dichterin verliebte Essayist in einem Moskauer Hotelbett einen ganzen Nachmittag lang »Marzipan gefressen«. Ich kann den Mann verstehen. Marzipan feuert die Gier mächtig an. Habe ich Marzipan im Hause, fresse ich es auf. Lange genug habe ich mich mit Persipan begnügen müssen, dem Marzipanersatz aus Pflaumen- und Kirschkernen, denn Mandeln waren Mangelware. Eine Konditorei im Ostseebad Binz bot im Sommer 2005 »Lerchen, mit Persipan gefüllt«, an. Persipan, wo es doch nun wahrlich genug Marzipan gibt. Zuweilen verdrängt der Ersatz das Ersetzte so gründlich, daß aus der Not Geborenes das Eigentliche zu sein scheint.

Schöne Unfreundlichkeit

In den Schulferien arbeitete ich als Verkäuferin im Lebensmittel-Konsum unserer Straße, weißer Kittel, weißes Häubchen. Es war wie Spielen mit dem Kaufmannsladen. Eintüten, Abwiegen, die Kasse klingeln lassen, Milch wurde in mitgebrachte Kannen gefüllt. Ich träumte nachts davon, wie eine Einkaufstüte gefaltet wird, spitze Tüten mußte man anders falten als eckige. Ich war freundlich zu den Kunden. Das mag daran gelegen haben, daß ich die Anweisungen für sozialistische Verkäuferinnen nicht kannte. Keiner sollte mehr dienen im Arbeiter-und-Bauern-Staat, die Ausbeutung des Menschen durch den Menschen war ein für allemal abgeschafft.

Alfred Kollmann veröffentlichte 1956 in Leipzig eine Verkaufskunde. Sämtliche Wörter, die das Bedienen betreffen, sind in Anführungsstriche gesetzt und somit als unzeitgemäß gekennzeichnet. Unser Kunde trete uns heute nicht mehr als »Herr Amtsgerichtsrat« entgegen, auch die »gnädigen Frauen« seien längst entschlafen, informierte Kollmann. Der Verkäufer stünde nicht mehr »zu Diensten«, er sei kein »Butler« in einem Herrschaftshaus, fuhr er fort. »Heute tritt unserem Verkäufer ein gleichberechtigter Vertragspartner gegenüber. Aus dieser Erkenntnis der Gleichberechtigung bringen sich beide Partner gegenseitig Achtung und Anerkennung entgegen, wobei der eine vom anderen nicht mehr Höflichkeit verlangen kann, als er ihm selber zu geben bereit ist.« Dieses Verhältnis, so Kollmanns revolutionäre Verkaufskunde, sei ein Ausdruck für die neue Art des Zusammenlebens der Menschen unter sozialistischen Bedingungen. Auf diese Weise haben sie sich gegenseitig die Hölle heiß gemacht, die Verkäuferin dem Kunden und der Kunde der Verkäuferin.

»O nicht genug zu preisende Langsamkeit / Der nicht mehr Getriebenen! Schöne Unfreundlichkeit! / Der zum Lächeln nicht mehr Zwingbaren!« dichtete Heiner Müller.

»Kauf mich, kauf mich!« – schreien die Waren und ihre Anbieter in den Buden und Tempeln der Marktwirtschaft. In den Baracken der sozialistischen Planwirtschaft verstummten ihre Hilferufe, das Angstlächeln der Angestellten, die bei Strafe des Jobverlusts Umsatz bringen mußten, verschwand. Allerdings verschwand nun jegliches Lächeln, um Hilfe rief nicht mehr die Ware, sondern der Kunde.

»Du stehst als werktätiger Verkäufer werktätigen Verbrauchern mit gleichen Aufgaben und Zielen gegenüber«, klärte Kollmann die sozialistischen Verkäufer auf. »Vermeide beim Sprechen jene ergebene, überschwengliche Dienstbeflissenheit einer vergangenen Zeit, sie paßt nicht zu unserem neuen fortschrittlichen Arbeitsstil«, riet der vom Umbruch der Verhältnisse beseelte Verkaufskundler.

Derartiges ließen sich die fortschrittlichen Verkäuferinnen nicht zweimal sagen. Es ging ihnen wie von selber in Fleisch und Blut über, daß sie nicht dienen, sondern herrschen sollten. Daß sie die knappe Ware nicht anzubieten, sondern zu verteilen hatten, der Ton war rauh. Von Gleichberechtigung zwischen Kunde und Verkäufer konnte keine Rede sein. Das Verhältnis stand kopf, nicht der Kunde war König, sondern der Verkäufer. Er sah es als seine Aufgabe an, den Kunden zu Bescheidenheit, Geduld und Unterordnung zu erziehen. Den launischen Vollstreckerinnen der gerechten oder ungerechten Verteilung von Rinderfilet und grünen Gurken, Halberstädter Würstchen und Schnittkäse blieb es überlassen, wann sie sich bückten, unter den Ladentisch faßten und dem artigen Kunden huldvoll ein Päckchen mit irgendwas zu irgendeinem Preis über die Ladentheke reichten und wann sie das nicht taten.

Die Machtverhältnisse konnten sich in ihr Gegenteil verkehren, wenn sich die wartenden Kunden überraschend solidarisierten und ein Pulk aus Unzufriedenheit den Laden okkupierte. Wenn die Schlange die Verkäuferinnen beschimpfte, sie für den Mangel verantwortlich machte und der Bestechlichkeit zieh. Wenn sich der gesammelte Unmut der Schlange gegen die Repräsentantinnen des sozialistischen Handels richtete. Das kam selten vor. Der einzelne wagte solche Angriffe nur im Ausnahmezustand. »Der Fettarsch aus'm Jemüsekonsum!« schrie der volltrunkene Herr D. aus seinem Fenster im Hinterhof: »Der Fettarsch aus'm Jemüsekonsum vakooft frische Gurken nur gegen Schmiergelder. Damit ihr's alle wißt.« Und schlug das Fenster zu.

In der Regel waren Verkäuferinnen Göttinnen. Böse oder gute, rachedurstige oder milde, bestechliche oder gerechte. Herrscherinnen und Hexen. Der Kunde duckte sich unter ihr Zepter, tanzte nach ihrer Pfeife. Aufbegehren zog Liebesentzug nach sich. Um belohnt zu werden, machte man sich lieb Kind bei den Dominas von Konsum und HO. Bedankte sich überschwenglich, gab Pfötchen, beziehungsweise Trinkgeld, und lächelte dankbar in die strengen Verteilerinnengesichter, ein Sado-Maso-Verhältnis besonderer Art. Vielleicht hat er hier begonnen, der pragmatische Opportunismus des DDR-Insassen, Ruhe ist die erste Bürgerpflicht.

Der sozialistische Kunde wartete ergeben, wenn eine Verkäuferin mit einer anderen was zu bereden hatte, ihre Fingernägel feilte oder einen Zeitungsartikel zu Ende las, bevor sie sich entschloß, nach etwaigen Wünschen zu fragen. »Haben Sie?« fragte der Kunde kleinlaut. Kopfschütteln. »Wann kriegen Sie?« setzte er demütig nach. Achselzucken. »Na ja, dann nehme ich eben …« Rübergereicht, fertig, dreidreißig. Längst war die Verkäuferin wieder ins Gespräch mit der Kollegin vertieft. Die Unterwürfigkeit der Kunden traf auf das Desinteresse der Austeiler, die selten das Richtige zum Verteilen hatten. Das setzte ihrer Herrschaft Grenzen, machte sie ohnmächtig und mürrisch. Schöne Unfreundlichkeit der zum Lächeln nicht mehr Zwingbaren!

Manchmal fühlten sich Verkäuferinnen zu mehr berufen als dazu, Waren auszuteilen. Ich habe Mitte der Siebziger folgenden Vorfall notiert, weil er mir symptomatisch schien für die verbreitete Feindseligkeit gegen das Abweichen vom Durchschnitt, und sei es nur in Kleidung und Frisur. Alle sollten gleich sein, alle sollten gleich aussehen. Der Egalitarismus wandte sich gegen alles, was irgendwie anders war, gegen Außenseiter, Künstler, Intellektuelle, auffällig gekleidete Jugendliche. Allein das Wort Rand war aggressiv und ausgrenzend gemeint, ein Akt der Selbstverteidigung also, daß der Kunde das »Randstück« ablehnte:

Ein junger Mensch mit langem braunem, gelocktem Haar betrat einen Bäckerladen. Seine Frisur hatte Ähnlichkeit mit der des Sonnenkönigs Ludwig des Vierzehnten, in seinem linken Ohrläppchen steckte ein silberner Ohrring, er trug geflickte Bluejeans und eine abgewetzte Lederjacke im Thälmann-Stil. Der junge Mensch wollte ein Stück Bienenstich kaufen. Die Verkäuferin, eine dauergewellte Platinblonde, reichte ihm ein Randstück. »Das ist angebrannt«, sagte der junge Mann, er wolle das daneben, ein schönes goldbraunes Mittelstück, schön und goldbraun wie alle anderen. Die Verkäuferin zog die Kuchenzange zurück, ihr Mund verformte sich zu einem auf den Kopf gestellten U. »Gerda! Gerrda!« rief sie in Richtung der Tür, an der »privat« stand. Als Gerda nicht gleich erschien, lief die Blonde nach hinten. Der Mensch in der Lederjacke hatte inzwischen seine vierzig Pfennige wieder vom Ladentisch genommen. Da kamen sie, Gerda und die andere, Seit an Seit, und Gerda sagte: »Ein Blick genügt!« Sie meinte nicht den Bienenstich, sondern den Kunden, dessen Äußeres ihren Vorstellungen von einem ordentlichen Kunden widersprach, von einem Bürger, der ein anständiges Stück Bienenstich zu beanspruchen gehabt hätte. Der mit den Locken verließ den Laden, ohne Bienenstich. Was die Bäckersfrauen aufregte, war, daß ein Mensch, zu dem, wie sie meinten, ein Randstück paßte, dieses Randstück nicht wollte.

In meiner Kaufhalle herrschte in den Achtzigern eine besonders böse Verteilerin. Mit unwirschen Händen, abgebrochenen Fingernägeln, an deren Rändern Spuren hellroten Nagellacks hafteten, warf sie wortlos Fleisch auf die Waage. Nach Wende und Währungsumstellung war die Frau bis zur Unkenntlichkeit verwandelt. Als hätte man sie über Nacht einer Hirnwäsche unterzogen. Sie trug einen blütenweißen Kittel, der Ansatz ihrer Haare war frisch blondiert, die Fingernägel hatte sie perfekt manikürt. Und das unheimlichste: Sie lächelte. Schöne Freundlichkeit der zum Lächeln Gezwungenen!

Alles Banane

Als Konsum-Verkäuferin auf Zeit blieb ich seltsam verschont vom Kampf der Interessen, ich lächelte freiwillig. Vielleicht hatte ich alles, was gewünscht wurde, oder die Kunden verlangten nichts, was ich nicht hatte, vielleicht war es einfach eine gute Zeit. Gerade hatte ich den »Club junger Künstler« entdeckt, wo barfüßige Malermodelle bei schummriger Beleuchtung auf den Füßen barfüßiger Schauspielabsolventen tanzten, was für mich eine unerhörte Begebenheit war. Kein Bedürfnis war dringender als barfuß im Club Junger Künstler zu tanzen und Gin-Fizz mit Strohhalm zu trinken. Als der FDJ-Club wegen Dekadenz geschlossen wurde, spürte ich einen empfindlichen Mangel, aber doch nicht, wenn kein Schichtkäse da war oder keine Butter oder keine Kaffeesahne, ich wollte höher hinaus.

Zunächst ins »Pressecafé« am Bahnhof Friedrichstraße. Dort trafen sich junge Literaten, die in feuchten Ladenwohnungen unordentlich lebten, mit lebenshungrigen Fotomodellen und betrunkenen Bildhauern, um chinesischen Tee zu trinken. Der livrierte Portier ließ sich – aus gutem Grund – von einigen die sechzig Pfennig vorweisen, die sie brauchten, um ihr Glas Tee bezahlen zu können, dann erst durften sie durch die Drehtür; bloß sitzen und gucken brachte schließlich keinen Umsatz. Liquide Gäste, Architekten aus der Bauakademie, Messegestalter und zu ersten Gagen gelangte DEFA-Schauspieler, bestellten sich Linzer Schnitten – Marmeladenkuchen mit kunstvoll gestaltetem

Teiggitter – und gegen Abend ein Ragout fin zum bulgarischen Rotwein.

Ragout fin, auch Würzfleisch genannt, graue Fleischwürfel im winzigen Töpfchen, mit Käse überbacken, von Worcestersauce beträufelt, mit einem Schnitz Zitrone garniert. Wenn kein Kalbfleisch da war, wurde es eben aus Schweinefleisch gemacht, wir nahmen es nicht so genau. Würzfleisch – die Allzweckwaffe der HO-Gastronomie, immer und überall zur Stelle, unabhängig von der jeweiligen Versorgungslage. Auf dich, o Ragout fin, konnten wir uns verlassen, du hast uns niemals enttäuscht in deinem pflichtbewußten Dasein, deiner bleichen Autonomie, deiner französischen Anmutung! An dich, Ragout fin, muß ich denken, wenn ich die Kitekat-Fleischwürfel für meine Katzen in die Näpfe kippe und sehen kann, wie gut es ihnen schmeckt.

In der neu eröffneten Nachtbar »Koralle« führten sie kein Würzfleisch. Hier bekam man, mitten in der Nacht noch, Gulaschsuppe, die stadtweit als gut galt. Allerdings durfte man da nicht barfuß tanzen, die Koralle war kein FDJ-Club, hier ging es bürgerlich zu, an den Wänden hingen Aktfotos. Der kahlköpfige Einlasser, Kuchenkarl genannt, weil er einst auf dem Schwarzen Markt mit Kuchen geschoben hatte, verhökerte an der Garderobe Westzigaretten, überwiegend Roth-Händle. Der Besitzer der Nachtbar war Pole, ein stiller, eleganter Typ, seine balkanesischen Freunde aßen Gläser, wenn sie betrunken waren. Neben der Bereitstellung von Gulaschsuppe und Gin-Fizz befaßte sich der zuvorkommende Chef mit Geheimdienstarbeit und Embargoschwindel. Eines Tages wurde »der Spion, der aus der Kälte kam«, an einem Grenzübergang verhaftet. Um unverdächtig zu erscheinen, hatten sich die West-Berliner Kriminalbeamten als Bananenverkäufer getarnt. So faßten sie ihn, eher er sie bemerkte und zurück in den Ostsektor flüchten konnte.

Die Banane spielte im geteilten Deutschland eine Hauptrolle. Die koloniale Südfrucht wurde zur Schranke und zur Brücke zwischen Ost und West. Manchmal diente sie als Liebesbeweis. Ein Mann, dem an mir gelegen war, gab viel Ostgeld aus, um bei jedem unserer Treffen mit einer Staude Bananen aufzuwarten, die er zuvor in West-Berlin zum Kurs von eins zu fünf oder eins zu sechs erstanden hatte. Im Grunde sind Bananen nicht mein Fall. Ich habe an ihnen immer nur eins geschätzt, den Geschmack des Seltenen. Dabei sollen sie zu Fruchtbarkeit, Potenz und guter Laune verhelfen.

Herr P., der zu Mauerzeiten öfter mal in den Westen durfte, kaufte sich, kaum hatte er den Grenzübergang passiert, an der nächsten Ecke eine Banane, jedesmal: »Wenn ich eine Banane in der Hand hatte, wußte ich, Mensch, du bist im Westen.« Die Banane weilte stets unter uns, in corpore oder in Gedanken. Was passiert, wenn man eine Banane auf die Mauer legt? Da, wo abgebissen wird, ist Osten.

In der Mokkastube am Altmarkt in Dresden gab es ein Wandgemälde im Gauguin-Stil. Bunt gewandete, braunhäutige Frauen blickten auf den Betrachter, ihre exotischen Augen sahen Dinge, von denen die bleichen Dresdner Eierscheckenesser keinen blassen Schimmer hatten. Vor den Gauguin-Schönheiten auf dem Boden lag, was sonst, eine Banane, die Sehnsuchtsfrucht, auch Paradiesfeige geheißen. »Zwei Apfelsinen im Jahr und zum Parteitag Bananen«, summten die Erbauer des Sozialismus frei nach dem Karibik-Hit »Zwei Apfelsinen im Haar und um die Hüfte Bananen«. Bananowzy nannte man in Polen die Töchter und Söhne von Funktionären – Bananenkinder. Mein Kochbuch tat wieder mal, als wäre alles in Butter, und schlug vor:

Gebratene Bananen

4 Bananen, Saft von 1 Zitrone, 2 Eßl. Butter, 2 Eßl. Mandelstifte, 1 Glas Süßwein.
Die geschälten Bananen halbieren, mit Zitronensaft beträufeln. In der Butter die Mandelstifte rösten. Die Mandeln herausnehmen und die Bananen ebenfalls von beiden Seiten goldbraun braten. Den Süßwein angießen und etwas einschmoren lassen. Die Bananen herausnehmen, mit Mandeln bestreuen und den Bratfond darübergießen. Eventuell leicht zuckern.

Alles Banane, sagte Hunni Hundertmark, ein Obdachloser, wenn er meinte, daß alles in Ordnung sei. Alles Banane.

Nimmersatt im Minirock

In dem Ratgeberheft »Gastliche Häppchen« von 1960 wird der Hausfrau empfohlen, sich sorgfältig vorzubereiten, wenn ihr Mann Besuch erwarte. Am besten solle sie eine bunte Platte mit »pikanten Kleinigkeiten« wie Kaviarschnittchen, Sardellenhappen und Orangen-Sandwiches anrichten, sich dann diskret zurückziehen und die Herren ihren Zigarren und den Häppchen überlassen. Das Bild der Frau jener Zeit war irritierend wie ein Picasso-Porträt. Einerseits die lieb lächelnde, appetitlich zurechtgemachte Hausfrau in der gebügelten Schürze, die alles für ihren Mann tut, weil ja die Liebe durch den Magen geht. Andererseits die selbstbewußte Traktoristin, Ärztin oder Fließbandarbeiterin, die aktiv am Aufbau des Sozialismus teilnimmt, Genossin der SED, Mitglied des DFD, des FDGB und der DSF. Die guten Dinge hätten oft zwei Seiten, gibt der Ratgeber, durchaus firm in der Lehre von den Widersprüchen, zu bedenken. Das gelte auch für den großen Fortschritt, den die Frauen einesteils gemacht hätten: »Spüren wir das nicht ganz deutlich, wenn wir den Betrieb verlassen, die beruflichen Ereignisse allmählich abklingen und unsere Gedanken um das Abendessen zu kreisen beginnen?« Einesteils und andererseits: »Die guten Dinge haben oft zwei Seiten.« Vor der Wucht der Widersprüche kapitulierte der Ratgeber dann doch und vergaß das Andererseits einfach. Empfahl statt dessen »Schnell gekocht – gern gegessen« und gab weitere Tips für pikante Herren-Häppchen.

Die Frau war Hausfrau und Mutter wie allezeit, dazu vollbeschäftigt. Doppelbelastung – die Mode der sozialistischen Saison. Der Mann zeigte sich als Kavalier und erfand der Frau den Mixer, die elektrische Kaffeemühle, die Küchenmaschine Komet, den Schnellkochtopf. Die wissenschaftlich-technische Revolution stemmte die Gleichberechtigung. Modernisierung, Mechanisierung, Automatisierung – man brauchte die Küchenarbeit nur zu rationalisieren, schon war die Doppelbelastung vergessen. Wenn Chemie »Brot, Wohlstand und Schönheit« schenkt, sowjetische Sputniks im Weltall herumfliegen, wenn Revolutionäre das Charisma von Fidel Castro und Che Guevara haben und Kosmonauten so gut aussehen wie Juri Gagarin, sind Wunsch und Wirklichkeit auch auf Erden ein Paar.

Während noch Mitte der fünfziger Jahre die Frau im Westen ihren Gatten um Erlaubnis bitten mußte, wenn sie arbeiten oder ein Konto eröffnen wollte, waren die Ost-Frauen in die Produktionshallen gestürmt. Nicht nur, weil sie unabhängig sein wollten von der Höhe des Kostgeldes, das der Herr Gemahl ihnen gewährte. Die Frauen wurden dringend gebraucht, sie erfuhren aber auch, daß Berufstätigkeit und Teilnahme am öffentlichen Leben etwas boten, das die häusliche Küche nicht vorrätig hatte: Selbstverwirklichung. Dafür zahlten sie, wenn auch genervt, großzügig den Preis der Doppelbelastung. Die nächste Generation sollte es leichter haben. Bis dahin würden die Frauen den Männern das Einkaufen, Kochen, Saubermachen, Babywickeln und Kinderwagenschieben schon beibringen. Wenn man ihre Funktion als Lehrausbilderin der Männer hinzurechnet, erlebte die »Frau von heute« keine Doppel-, sondern eine Dreifachbelastung.

»Die Frau unserer Zeit steht ihren Mann«, lobte der Pudding-Betrieb Rotplombe. Was die Frau von heute tue, tue sie ganz, selbst wenn es den Anschein erwecke, sie tue es nur nebenher. Ihr Tag und ihr Abend seien stets ausgefüllt. Dankbar nehme sie jeden Vorschlag auf, der helfe, Zeit und Arbeit zu sparen. Dazu gehörten auf alle Fälle Soßen und Backpulver von Rotplombe. Erzeugnisse, mit denen man rasch eine Kleinigkeit improvisieren könne, falls ein lieber Gast komme, den man doch nicht gehen lassen könne, ohne ihm was vorzusetzen. Das Resümee des Pudding-Produzenten: »Und immer weiß die Frau des Hauses sich zu helfen, denn sie hat ja Rotplombe aus den Konsum Nährmittelwerken Erfurt.«

Alles war machbar, nur schnell mußte es gehen. »Schnell gekocht – gern gegessen«. Bereiten wir doch rasch mal einen:

Wurstgulasch

Nehmen wir einfach zwei, drei Bockwürste, die gibt es immer, 50 Gramm Margarine, gibt's auch, zwei Möhren und eine Tomate werden sich schon irgendwo auftreiben lassen, einen Viertelliter Wasser oder Brühe, einen Eßlöffel Mehl, kein Problem, und eine kleine Gewürzgurke, mal sehn. Die Bockwürste ziehen wir ab, schneiden sie in

Scheiben und geben sie in die erhitzte Margarine. Nach kräftigem Anbraten einen Viertelliter Wasser angießen. Erst wenn die Möhren nahezu gar sind, die im Mehl gewälzten, gesondert angebratenen Wurstwürfel dazugeben. Mit Salz, nach Belieben auch 1 Prise Zucker abschmecken, nachdem die Gurkenwürfel untergerührt wurden. Das Gericht bietet eine gute Verwendungsmöglichkeit für übriggebliebene Konservenwürstchen. Und wenn es dem Mann nicht schmeckt, soll er sich gefälligst selber was kochen.

Feinfrost, Konserve, Fertiggericht – die Lebensmittelproduktion im Dienste der Gleichberechtigung. Tempolinsen waren in zehn Minuten tischfertig, Konserven galten als »Sparbüchsen der Freizeit«, Feinfrost war der Fortschritt schlechthin, episodisch wurden sogar gefrorene Tomaten angeboten. Der Aufbruch in die Moderne gipfelte im Fischstäbchen aus Rostock.

Um der berufstätigen Frau behilflich zu sein, wurden Spätverkaufsstellen eingerichtet, Sonntagsverkaufsstellen, Automatenrestaurants, Selbstbedienungsläden, Nachtgaststätten. Nicht auszudenken, was aus denen geworden wäre, hätten sie tatsächlich über längere Zeit als HOG, als HO-Gaststätten, funktioniert. Vermutlich wären die Kellner überhaupt nicht mehr nüchtern geworden. Kali, der Kaffeelikör, die Lieblingsdröhnung der unter heftigen Stimmungsschwankungen leidenden Serviermänner, wäre über Nacht zur Bückware geworden. Doch es kam anders. Die Spätverkaufsstellen lohnten sich nicht, der Kundenkreis beschränkte sich auf einsame Rentnerinnen, eine Nachtgaststätte habe ich nie und nirgends gesehen. Vielleicht wollten sich die Frauen die Herrschaft über den Abendbrottisch nicht aus der Hand nehmen lassen.

Die Gebrauchsanweisungen schrieben mit am sozialistischen Frauenroman, der das fortschrittliche Küchenleben der gleichberechtigten Gefährtin, die alles auf einmal kann, zum Inhalt hatte. Mythos Schnellkochtopf. Mehrere Wochen Zeitersparnis im Jahr sollte er bringen, genauere Berechnungen ergaben eine Woche, immerhin. An die Frau von heute würden hohe Ansprüche gestellt, ist in der feinfühligen Gebrauchsanweisung für den rasanten Topf zu lesen. Sie solle gepflegt und gut angezogen sein, im Beruf ihren Mann stehen und dennoch eine gute Hausfrau sein. Wen wundert es, folgert ganz richtig die Gebrauchsanweisung, »daß die moderne Frau immer in Eile ist: Wie oft müssen Sie Ihrer Familie ein schnelles Essen zaubern! Gerade im großen Haushalt fehlt es dann an der Zeit, ein anspruchsvolles Menü vorzubereiten. Und Sie möchten doch sicher gern Ihre Lieben mit phantasievoll zubereiteten Speisen und Getränken verwöhnen. Deshalb werden Sie besonders froh über den neuen SKT-Schnellkochtopf aus dem VEB Union Quedlinburg sein.« Die Witze über DDR-Erfindungen hatten neue Nahrung. Wie heißt die Erfinderin des Rucksacks? Frieda Hockauf, lautete die richtige Antwort, Frau Hockauf war eine gefeierte Aktivistin. Wie heißt der Erfinder des Schnellkochtopfs? Garibaldi.

In der DDR sei die Gleichberechtigung der Frau nicht erreicht worden, behaupten Kritiker, wenige Frauen hätten es in leitende Positionen geschafft, eine einzige ins Politbüro. Ich sehe für die weibliche Abstinenz von Karriere andere Gründe. Erfolg galt als Ausdruck eines »schleimigen Charakters«, wie es Stefan Wolle in seinem so dialektischen wie wahrhaftigen Werk »Die heile Welt der Diktatur« auf den heutzutage unglaublichen Punkt bringt: »Der Aufsteiger wurde verachtet und belächelt ... Mit jeder Karrierestufe stieg das Maß an Selbsterniedrigung und kontrollierter Schizophrenie.« Schon in mittleren Positionen, schreibt der dem Alltag zugewandte Historiker, hätten sich »fast ausschließlich seelische Wracks« gefunden.

Frauen hatten einen instinktiven Widerwillen gegen sogenannte leitende Funktionen. Sie witterten angesichts der herrschenden Verhältnisse die Gefahr einer Deformation, die extrem unerotische Aspekte in sich barg. Waren sie doch Zeugen jener moralischen Kastration durch Karriere, im Laufe derer ihre männlichen Kollegen Verhaltensweisen wie Selbstaufgabe und Untertanengeist entwickelten, also »unmännlich« wurden. Die Frauen aber waren gerade dabei, sich eine Weiblichkeit jenseits von Unterwerfung und Selbstaufgabe zu erobern. Gleichberechtigung hieß Frau sein. Hieß, sich nicht demütigen zu lassen von Phrasen, Schönfärberei und Anpassungszwang.

Wir waren Übergangsfrauen, mit einem Fuß in der Vergangenheit, mit dem anderen in der Zukunft. Der Spagat erforderte artistisches Können. Akrobatik im Zirkus Emanzipation. Wir waren Jongleusen, Equilibristinnen, Zauberinnen, wir hingen am Trapez und tanzten auf dem Seil. Wir waren die Nimmersatte im Minirock. Wir wollten alles. Arbeiten, mitbestimmen, lieben, flirten, gebären, aus Kathi-Kuchenmehl Pflaumenkuchen backen, als Aktivist ausgezeichnet werden und Frauentag feiern. Karriere machen wollten wir nicht. Weil wir ein ewig schlechtes Gewissen gegenüber unseren Kindern hatten, überraschten wir sie öfter mal mit:

Kalter Hund

250 g Kokosfett, 6 Eßlöffel Puderzucker, 6 Eßlöffel Kakao, 10 Eßlöffel geriebene Mandeln, 2 Eßlöffel feingemahlener Kaffee, 2 Eier, 4 Eßlöffel Milch, 1 Packung Butterkekse. Eine eckige Kuchenform wird mit Alu-Folie ausgelegt. Das Kokosfett wird gerade so viel erhitzt, daß es schmilzt.

Während des Abkühlens wird der Zucker mit dem Kakao, den geriebenen Mandeln, dem Kaffee und den Eiern in einer Extraschüssel verrührt. Die dunkelbraune Masse wird mit so viel Milch verdünnt, daß sie schwerreißend vom Löffel fällt. Das lauwarme, flüssige Kokosfett unterrühren. Dann abwechselnd die Creme und die Kekse in die Form schichten und diese in den Kühlschrank stellen. Bei 6 Grad 5 Stunden kühlen lassen, dann stürzen und die Folie entfernen.

Die Reste von Pompeji

Erinnerung verlangt nach Sinnlichkeit. Ich rufe das Museum für Alltagskultur der DDR in Eisenhüttenstadt an und erkundige mich nach den Öffnungszeiten. Haben Sie auch was zu »Essen und Trinken«, frage ich. Nein, sagt die Museumsangestellte mit ehrlichem Bedauern, zu essen haben wir leider nichts, aber wir haben einen Kaffeeautomaten. Ich erkläre ihr, daß ich im Eisenhüttenstädter Museum nicht unbedingt essen will, daß ich aber für ein Buch über Essen und Trinken in der DDR recherchiere. »Wir haben hier einen schönen, kleinen Konsum aufgebaut«, sagt sie.

Eine alte Dame, die ich am Bahnhof Eisenhüttenstadt nach dem Weg frage, lächelt milde ins Gestern: »Unsere Hütte schreibt momentan schwarze Zahlen, aber das Personal ist doch stark geschrumpft. In Eisenhüttenstadt wohnen nur noch alte Leute, die jungen sind alle weg.« Dreißig Jahre habe sie im EKO gearbeitet, erzählt die alte Dame, sie im Büro, ihr Mann in der Hütte: »Hier war mal richtig was los, am Hafen, in den Werften, in der Hütte, jetzt ist es still geworden.« Sie steigt in den Bus, EKO heißt die Endstation, Eisenhüttenkombinat Ost.

In der Stahlstadt, früher Stalinstadt, »erste sozialistische Stadt Deutschlands«, scheint die Sonne. Aufgeräumt sieht es aus, sauber und ordentlich wie auf einem Modell. Menschenleere Straßen, wolkenloser Himmel. Die in den Fünfzigern gebauten Blocks mit den grünen Innenhöfen haben humane Maße, das sowjetische Vorbild zeigt sich von seiner dörflichen Seite. Das »Hotel Lunik«, einst Tummelplatz lebenslustiger Dienstreisender und gut verdienender Stahlkocher, ist geschlossen, die Gründergeneration tanzt nicht mehr.

In der Lindenstraße gibt es ein Bäckerbistro, ein chinesisches Restaurant, das geschlossen aussieht, und das Café »C'est la vie«, das Überbackenes anbietet. Dann doch lieber das »Hähnchen-Eck«. »Bei uns werden Sie mit Spezialitäten rund ums Hähnchen verwöhnt«, verspricht ein Schild. Drinnen riecht es nach Broiler und Pommes, es riecht nach Osten. Die braun gemusterten Polsterbänke und die braunen Holztische sehen aus wie stehengeblieben, die wenigen Gäste, als seien sie einfach sitzen geblieben. Hinzugekommen scheinen nur die Grünpflanzen vor den Fenstern, dickblättrige Tristesse, trockenes Vergehen. Die Pflanzen sind ein sicherer Hinweis, daß zwischenzeitlich ein Italiener oder Türke sein Glück hier versucht hat, mit ehrlichen Preisen für Pizza und Pasta.

Die Hühner waren stärker, sie kehrten zurück ins Hähnchen-Eck, das früher mal eine Broilerbar gewesen sein muß. Nee, sagt die Serviererin mit lebensfroh breitem Lächeln, Broiler sind das nicht mehr, die kommen jetzt aus Westdeutschland. Ich bestelle ein halbes gegrilltes Hähnchen mit Pommes frites und Paprikagemüse, der Geschmack ist zuverlässig mittelmäßig, am besten schmeckt das Paprikagemüse – Letscho, bist du es?

Letscho

750 g Tomaten, 1 kg grüne Paprika, 40 g Speck, 80 g Schweineschmalz, 150 g Zwiebeln, Salz, Paprika.
Die Tomaten überbrühen, die Haut abziehen und vierteln. Aus den Paprikafrüchten den Samen entfernen und die Früchte in 5 bis 6 längliche Stücke schneiden. Speck in Würfel schneiden, im eigenen Fett bräunen. Schweineschmalz und feingeschnittene Zwiebel zugeben. Wenn es die richtige Bräune hat, salzen, mit Paprika bestreuen. Paprikafrüchte und Tomaten zugeben, langsam weich dünsten. Unbedingt Schweineschmalz verwenden, sonst nicht echt ungarisch!

Das Museum für Alltagskultur der DDR residiert in einem hellen Bau, der an ein Moskauer Kulturhaus erinnert. Die aktuelle Ausstellung widmet sich dem DDR-Wohnen zwischen Zwickau und Rostock. Sie läßt wenig Atmosphärisches zu, legt Wert auf Sachlichkeit. Wie in diesen Küchen gekocht, gegessen und gelebt wurde, soll man nicht nachempfinden, sondern konstatieren. Die Anrichten und Herde stehen da als Beweise ohne Aura. Der Verdacht des Geschäfts mit der Ostalgie scheint schwer zu lasten auf den Schultern der Museologen.

Wie am Telefon versprochen, ist ein kleiner Konsum aufgebaut. Irgendwo, irgendwann hat er so ausgesehen, in einem Dorf, in vielen Dörfern. Verkramt, eng, vollgestopft mit allem, was gebraucht wurde, vom Rasierpinsel bis zum Backpulver. Auf der Ladentheke eine Neigungsschaltgewichtswaage, Made in Bulgaria, und zwei Präsentkörbe, wie der Konsum-Geschenkdienst sie versandte. Wie man sie an Veteranengeburtstagen oder zu Betriebsjubiläen überreichte. Rotkäppchen-Körbe, gefüllt mit Eierlikör,

Rotwein, Konfekt und Delikat-Konserven, geschmückt mit Schleifen und Kunstblumen. In der Vitrine blau-silberner Rondo-Kaffee, Mocca fix Gold, aromafrisch versiegelt, grusinischer Tee in verzierter Büchse, eine Flasche Edellikör Schwarze Johanna. Braune Papiertüten mit der Aufschrift »Guten Einkauf«.

Der Konsum ist mit einer weißen Kordel abgesperrt. Jemand hat sie aufgehakt, die Besucher stehen darin wie Kunden, sie sehen sich um und entdecken entzückt Vergessenes: Erdbeerkonfitüre von Elbperle, Cama, die Delikateßmargarine, Pritamin, das Paprikamark in der kleinen Büchse. Spinat, Wirsingkohl und Rotkohl, in Gläsern ergraut. Ballenstedter Carnito – Rindfleisch, Tomate, Gemüse für einsachtundvierzig. Chinesische Haifischflossensuppe aus dem VEB Exzellent Dresden, »hergestellt für delikat« – was hatten wir für ausgefallene Sachen!

»Der Konsum ist stets hilfsbereit, er dient dem Fortschritt unserer Zeit.« Wenn man fünfzig Mark Einlage an die Genossenschaft zahlte, konnte man Konsum-Mitglied werden. Wer im Konsum kaufte und Konsum-Marken in ein Heftchen klebte, bekam am Jahresende bis zu drei Prozent Rückerstattung. Konsum-Verkaufsstellen existierten vorwiegend auf dem Land. Sie waren kleiner, persönlicher und schlichter als die HO-Läden. Oft waren sie in alten Kneipen und Gutshäusern untergebracht, manchmal auch in verfallenen Schlössern.

Ich habe so einen Konsum in dem Fontane-Schloß Hoppenrade bei Gransee gesehen, ein seltsam bescheidenes Zeugnis einstmals großartig angelegter Großgrundbesitz-Enteignung. Das so stille wie praktische Eingeständnis, daß man mit einem Schloß nichts anderes anzufangen wußte, als in einer Ecke davon einen Dorfkonsum einzurichten und den Rest dem Verfall preiszugeben. Übrigens wurde in diesem Konsum niemals Schlange gestanden. Die Kunden standen einfach so da, der eine hier, die andere dort, der nächste da drüben, die übernächste ganz vorn, jeder wußte, wann er dran war, auf dem Lande war die Schlange außer Kraft gesetzt.

»Bauern, Kleintierhalter, Genossenschafter! Verkauft Eure Übersollprodukte an pflanzlichen und tierischen Erzeugnissen Eurer Konsumgenossenschaft!« Tomaten, Erdbeeren, Kirschen, Zwiebeln, Gurken, Eier und Milch wurden aufgekauft. Trinkfeste Aufkäufer fuhren mit Lastwagen, Bargeld und einer Bimmel durch die Landgemeinden. Bei etlichen Runden Pfefferminzlikör oder Boonekamp wurden bizarre Tauschgeschäfte abgewickelt: drei Schweine gegen ein Motorrad, auf dem der Bauer dann durch Wald und Flur ratterte.

Prima Geschäfte mit dem Konsum machten auch die Kleingärtner. Beständig appellierte man an sie, ihren Teil zu einer ausreichenden Versorgung der Bevölkerung mit Obst und Gemüse beizutragen. Sie kamen dem eindringlichen Appell nach und verkauften ihre Produkte zu für sie äußerst günstigen Preisen. Für ein Kilo Pflaumen beispielsweise bekamen sie eine Mark fünfzig. Im Gemüsekonsum kosteten dieselben Pflaumen dann nur noch dreißig Pfennig, weil sie ja doch staatlich subventioniert wurden. Der Kleingärtner konnte also seine Pflaumen für eine Mark fünfzig an den Konsum verkaufen, sie im Gemüsekonsum für dreißig Pfennig zurückkaufen und so einen Gewinn von fünfhundert Prozent machen.

»Die hat Papa immer gerne gegessen«, sagt eine junge Frau im Museumskonsum in Eisenhüttenstadt zu ihrem Begleiter und tippt auf eine Büchse Eberswalder Würstchen »in zarter Eigenhaut«, um danach versonnen zwischen den Gewürztüten zu kramen, graubraun sind sie, krümeln und verströmen einen schwachen Geruch nach Vergangenheit. Anis, Majoran, Thymian, Salbei feinvermahlen, Ingwer gemahlen, Piment, Nelken, der EVP betrug zwischen vierundzwanzig und fünfzig Pfennig. Auf einem der verschlissenen Tütchen entziffere ich als Haltbarkeitsdatum August 1990, dieser Salbei überdauerte die DDR.

Manch einer polemisierte gegen diese Art von Museum, diese Art von Ausstellungsstücken, diese Art von Erinnerung. »Pfirsiche aus einem Schrebergarten«, schreibt der Historiker Gert Selle, »dereinst im Einweckglas als einer kleinen Kellervitrine für das beruhigende Gefühl, einen Vorrat kontrollieren zu können, haltbar gemacht, werden in diesem Glas in eine Vitrine gestellt, die wiederum in einer Vitrine (dem Museum) steht, so daß bleiche Lebensmittel-Leichname aus DDR-Zeiten zu besichtigen sind.« Von »Aufbahrung« einer für Westler fremden Sachkultur ist die Rede. Erinnern sei das Gegenteil von nostalgischer Larmoyanz. Jedes Museum für Sachkultur vertraue auf die Fähigkeit abschweifenden Imaginierens, sie sei die einzige Garantie, »daß sich in den Leichenhallen was regt«.

Einkaufskörbe stehen auf dem Boden, sie kommen einem klein vor, jetzt, in der Supermarktzeit. Und ein Kasten mit Bierflaschen. Die Flaschen haben noch die alten Bügel-Verschlüsse, »VEB« ist eingeprägt ins braune Glas, dazu zwei Hämmer, das Symbol der Bergleute. Als sei es für die Ewigkeit gewesen. Gemüsebrei mit Bananen im Gläschen fürs Baby, auch ganze Männer sollen den Brei gelöffelt haben, aus Mangel an ganzen Bananen. Der Dorfkonsum hat sie, die Aura. Man darf gerührt sein von der eigenen Existenz, von dem, was man in diesem Leben gegessen und getrunken hat, was man seinem Körper eingetrichtert, zugemutet und spendiert hat. Nudossi! Gotano-Wermut, weißen und roten, haben wir mit Eis getrunken, als Ersatz für Cinzano, manche haben ihn flaschenweise geschluckt, ohne Eis: Hast du Schwermut, greif zum Wermut!

Das Museum in Eisenhüttenstadt kümmert sich um die Reste des proletarischen Pompeji, die Überlebenden spenden Ausstellungsgegenstände. Mitte der neunziger Jahre schenkte Frau G. aus Berlin dem Museum in Eisenhüttenstadt ein paar Haushaltgeräte, die sie nach der Wende aussortiert hatte, darunter ein Grillgerät. Ohne Motor war das, man mußte den Spieß drehen, bis die Gans fertig war. »Sagen wir mal so, es war eine DDR-Neuerung zur Belastung der Hausfrau«, faßte Frau G. resolut zusammen. Zwischen Anhänglichkeit und Spott präsentierte sie auch noch ihr altes Rühr- und Mixgerät, das RG 5. Die Besonderheit an dem Ding sei, daß man es nach fünf Minuten ausschalten und zwanzig Minuten warten mußte, bis der Motor wieder ausgekühlt war. »Wenn Sie also einen Kuchenteig rühren, und Sie wollen, sagen wir mal, einen Marmorkuchen machen, wo Sie zwei verschiedene Sorten rühren müssen, da funktioniert das nicht. Inzwischen ist Ihnen der andere hochgegangen, zusammengefallen.« Sie erklärte das so eindringlich, als hätte noch jemand vor, mit dem RG 5 einen Kuchen anzurühren.

Frau G. hat ihr halbes Frauenleben dem Museum in Eisenhüttenstadt überlassen. Wegwerfen wollte sie die Sachen nicht, dafür haben sie ihr zuviel bedeutet. Länger aufbewahren mochte sie sie auch nicht. Hier, im Museum für die Alltagskultur der DDR, sind die Dinge gut aufgehoben, hier haben sie eine Aufgabe. Sie gehen in die Geschichte ein, und Frau G. kann sagen, sie ist dabei gewesen.

Schön ist es nur in der Idee

Die Butter war knapp. Alarm. War die Butterstulle in Gefahr, war die Herrschaft in Gefahr, der Symbolgehalt der Butter überstieg noch den von Fleisch. Im Juli 1961 gab der Magistrat von Groß-Berlin eine Anweisung heraus »zur Verhinderung von Spekulation mit Butter, zur Sicherung der Versorgung der werktätigen Bevölkerung der Hauptstadt«. Ab sofort sei in allen Verkaufsstellen des Einzelhandels die Eintragung für Butter in den Kundenlisten neu vorzunehmen. Dafür sollten die Kartoffelkarten (!) und der Personalausweis vorgelegt werden. Falls der Kunde seinen Wohnsitz wechsle, sei die entsprechende Austragung auf der Kartoffelkarte, Sonderabschnitt 14, vorzunehmen. Besuchern aus Westdeutschland und aus dem Ausland könne Butter nur nach Vorlage einer gültigen Aufenthaltsgenehmigung verkauft werden, Diplomaten hätten den Diplomatenausweis vorzuzeigen. Ausnahmezustand. Die Butterstulle auf dem Schlachtfeld des Kalten Krieges.

Der Anweisung beigegeben war eine »Diskussionsgrundlage für die Argumentation seitens der Verkaufskräfte«. Die Maßnahme ergäbe sich, so sollten die Verkäuferinnen argumentieren, weil sich einige Kunden doppelt und dreifach in die Kundenlisten eintragen ließen. Die Eintragungen lägen um hundertachtzigtausend höher als die Bevölkerungszahl der Hauptstadt. Mit den Neu-Eintragungen sei die Gewähr gegeben, daß die zur Verfügung stehende Buttermenge voll den Werktätigen des demokratischen Berlin zufließe und den Spekulanten das Handwerk gelegt werde. Die Butter-Bestimmung des Magistrats trat genau einen Monat vor Mauerbau in Kraft.

In der Nacht zum 13. August 1961 kamen wir von einem Besuch in West-Berlin zurück. Wir waren einer Einladung nach Nikolassee gefolgt. In einem Haus mit Terrasse hatten wir an einem gutbürgerlichen Eßtisch Platz genommen und so was Ähnliches wie Tafelspitz gegessen, zum Nachtisch Ananas. Satt, müde und ahnungslos fuhren wir mit der S-Bahn zurück in den Osten. Im selben Sommer war der Haushaltstag für Frauen eingeführt worden, der »Waschtag«. Berufstätige Frauen mit Kindern hatten von nun an einen bezahlten Tag im Monat frei. Ob sie am Haushaltstag die Wäsche machten, auf die Jagd nach Mangelwaren gingen, mit dem Kind in den Tierpark oder zum Friseur, war ihnen überlassen.

Um die antagonistischen und die nichtantagonistischen,

die Haupt- und die Nebenwidersprüche sozialistischer Entwicklung sowie die schwankende Versorgungslage zu verstehen, die Dialektik von Bockwurst, Klassenkampf und Mauerbau, entschloß ich mich, das Prinzip der Negation der Negation zu erlernen: Berlin ist eine Stadt. Die Negation: Berlin ist zwei Städte – West-Berlin und die Hauptstadt der Deutschen Demokratischen Republik. Die Negation der Negation: Berlin ist eine Stadt, aber auf einer höheren Stufe: Berlin ist die Hauptstadt der Bundesrepublik Deutschland, in der Berlin, die Hauptstadt der Deutschen Demokratischen Republik, »aufgehoben« ist.

Um zu begreifen, warum der neue Mensch auch nur ein Mensch war und weshalb so viele der neuen Menschen in den Westen flüchteten, studierte ich Philosophie. »Schön ist es nur in der Idee«, hatte Hegel festgestellt. Ich lebte nun hinter einer Mauer und hatte das Gefühl von Aufbruch, ein historisch aberwitziger Zustand. Jetzt, hinter verschlossenen Toren, würde es endlich losgehen mit dem Aufbau des Kommunismus: Schön ist es auch in der Wirklichkeit. Ohne Rücksicht auf den Klassenfeind könnten wir nunmehr kritisch gegen uns selber sein und unsere Butter ab sofort alleine essen. Es ging voran.

Im Jahr nach dem Mauerbau wurde der Vorschlag gemacht, daß »Tbc-Kranke, Gelbsucht-Erkrankte, gesundheitsgefährdete Berufe und werdende Mütter« je ein halbes Pfund Butter in der Woche zusätzlich erhalten sollten. Der zuständige Referent der Abteilung Handel und Versorgung, Herr D., wollte allerdings, wie er notierte, stillende Mütter nicht in den Kreis der Butterbevorzugten einbeziehen, da sie ja für den Säugling, der noch keine Butter verbrauche, das pro Kopf zustehende halbe Pfund Butter sowieso schon zusätzlich erhielten. Rechnungen von einst, Säuglinge von einst, Hoffnungen von einst.

1962 wurde die Peter-Hacks-Komödie »Die Sorgen und die Macht« aufgeführt und schnell wieder abgesetzt, zu kühn waren die Gedanken des Dichters und allzu dialektisch:

In meinem leeren Beutel
Trag ich die Fülle der Welt, den Kommunismus,
In den wir einziehn werden in einem
Nicht mehr fernen Jahr. Es gibt Beschlüsse darüber.
Kollegen, Kommunismus, wenn ihr euch den vorstellen wollt,
Dann richtet eure Augen
Auf, was jetzt ist, und nehmt das Gegenteil:
Denn wenig ähnlich ist dem Ziel der Weg.

Ideal und Wirklichkeit – der Widerspruch der Zeit. Wenn nicht alle Blütenträume reifen – erfreuen wir uns an den Knospen, bevor sie erfroren sind. Wenn wir nicht die Welt sehen können, gucken wir eben in unsere Kochtöpfe – eigner Herd ist Goldes wert. In den Zeitungen erschienen – jetzt erst recht – weltläufige Rezepte. Sie suggerierten, daß man auch in der Bratpfanne Reisen machen könne. Die Grenzenlosigkeit der lukullischen Welt als Trostpflaster für Mauermenschen. New York zum Beispiel sei als Stadt wenig attraktiv, es gäbe nur einen einzigen Grund, New Yorks Sommerschwüle oder Winterfeuchte zu ertragen: amerikanische Suppe, und die könnten wir auch zu Hause kochen: Fish Chowder. Ein echtes Rezept aus Ghana brächte, so war zu lesen, ein Stück Afrika auf den Familientisch: Nsabri, ghanesische Fischsuppe, »heiß wie die afrikanische Sonne«. Auch ein Gesellschaftsspiel mache großen Spaß: seine Gäste beim Essen raten zu lassen, aus welchem Land ein Gericht stamme. Türkische Dolmas, indisches Reisomelett oder Appenzeller Fladen. Weiter ging es mit englischer Rhabarberpastete und griechischem Zwiebelgemüse. Reisen im Kochtopf, Essen als Exil – das Thema gewann im Laufe der Jahre an Bedeutung.

Zunächst aber bekamen wir ein Westpaket, das erste überhaupt. Der Absender war ein Freund, der nach dem Mauerbau im Westen geblieben war. Er dachte an uns, er schickte uns ein Paket, ich war gerührt. Er als ein im Praktischen ungeschickter Intellektueller macht sich die Mühe, für uns einzukaufen, für uns auszuwählen, für uns ein Paket zurechtzumachen! Ich öffnete den fachgerecht verpackten Karton und staunte. Linsen, Erbsen, Puddingpulver, Margarine, Mehl und Zucker, eine Batterie Ostmann-Gewürze war auch noch drin, das war's. Wir sahen uns an, ratlos. Warum schickte jemand, der uns gut kannte, so was? Wir zweifelten am Verstand unseres Freundes. War er vielleicht verrückt geworden über seinem Entschluß, die Republik zu verlassen, sollte das Ganze ein Witz sein? Wir dachten viel über ihn nach und kamen zu dem Schluß, daß wir ihn wohl doch nicht richtig gekannt hatten. Irgendwann erfuhren wir, daß er das Paket natürlich nicht selber gepackt hatte, daß er gar nicht wußte, was drin war, sondern daß man solche Pakete in Auftrag geben und von der Steuer absetzen konnte. Daß der Inhalt des Pakets ein Politikum war: Denkt an unsere armen Brüder und Schwestern in der Zone, die haben noch nicht mal Margarine! »Ei, ei, ei, Sanella, Sanella auf dem Teller«, sang ich beim Einräumen der Westware, »wenn Sanella ranzig wird, dann kommt sie in den Keller, kaum ist die Kellertüre zu, hat Sanella keine Ruh, und die Mäuse beißen zu.« Wenigstens Oregano war dabei, das roch angenehm fremd.

Kellnermusik

In den Sechzigern war ich eine verheiratete Frau. Heiraten war peinlich, wir taten es heimlich. Keine Eheringe, keine Trauzeugen, keine Feier. Die Blumen trug ich eingewickelt zum Standesamt, fotografiert haben wir den wichtigen

Moment mit einer Pouva Start, das Bild hängt heute noch in unserer Küche, schwarzweiß aus weiter Ferne. Am Abend leisteten wir uns ein Essen in der stuckverzierten HO-Gaststätte »Ganymed« am Schiffbauerdamm. Draußen war Ganymed mit dem Adler zu sehen, Ganymed, der Mundschenk der Götter.

Das Nobelrestaurant fiel aus allen sozialistischen Parametern, einer dieser bürgerlichen Reste, nach denen ich mich immer wieder sehnte. Es war das Verlangen nach den Annehmlichkeiten der Dienstleistung, der Wunschtraum, für ein paar Stunden ins bürgerliche Exil zu gehen. Das Ganymed erfüllte solche Auswanderungsträume, das Ganymed war eine andere Welt. Wir bestellten ein Chateaubriand mit Sauce béarnaise und Gartengemüse. Es wurde auf silbernen Tabletts serviert, mit silberner Sauciere, das Fleisch war innen rosarot, so was nennt man medium, erfuhr ich dort. Der Kellner trug Frack mit echtem Frackhemd und echten Perlmuttfrackhemdknöpfen. Er behandelte seine Gäste nicht wie Kollegen oder Genossen, sondern wie Herrschaften, er hatte sein Vergnügen daran, wir auch.

Als Dessert ließen wir uns ein Omelette Surprise kommen, jenes pompöse Gebilde aus heißem Eierschaum und kaltem Eis, das aussah wie ein Mississippi-Dampfer auf glücklicher Fahrt. Dazu tranken wir ungarischen Rotwein, »Stierblut«, den mit dem rot-schwarzen Etikett. Die Flasche wurde im Körbchen serviert, mit gestärkter weißer Serviette um den Flaschenhals, was mich bis zum Verstummen beeindruckte. Ich war neunzehn, ich hatte so was nicht für möglich gehalten, nicht in der DDR, nicht bei der HO, nicht in meinem Leben. Als der Geiger auch noch »Lippen schweigen, ’s flüstern Geigen: Hab mich lieb« spielte, landete ich da, wo man an seinem Hochzeitstag am besten aufgehoben ist: im siebenten Himmel, die Gipsengel an der Decke lächelten. Das Ganymed war die Ausnahme, die die Regel bestätigte.

Eine Freundin heiratete im selben Jahr. Die Hochzeitsreise ging nach Dresden. An einem lauen Juninachmittag kehrte sie mit ihrem Mann, einem von der kommunistischen Zukunft glühend überzeugten Genossen, in ein Café am Altmarkt ein. Ein schönes Paar, sie im Babydoll-Kleid, blaß gepudert, wie es Mode war, und schwanger. Er mit Cäsar-Frisur, was ebenfalls Mode war, die weit offenen grünen Augen schwärmerisch auf seine junge Frau und die sozialistische Wirklichkeit gerichtet. Auf der Terrasse sitzen konnte man nicht, natürlich nicht, obwohl es ein selten warmer Frühlingstag war. Personalmangel. Es könnte heute abend, morgen früh oder übermorgen mittag regnen, dann müßten die Stühle wieder reingetragen werden, also war es besser, sie gleich und möglichst für immer drinnen zu lassen. Terrassen- und Straßencafés machten den Kellnern zuviel Umstände, sie litten an chronischer Überlastung, wie sie dem Gast bei jeder Gelegenheit deutlich machten. Auf der Stirne jedes einzelnen Kellners stand geschrieben: »Wagen Sie nicht, mich anzusprechen!«

Also ging das Paar nach drinnen, wurde von einem der majestätisch auftrumpfenden Kellner zu einem Tisch geleitet, auf dem kein »Reserviert«-Schild stand, und wartete. Und wartete. Und wartete. Und wartete. Nach zwanzig Minuten gelang es, die Bestellung an den Kellner zu bringen, die dieser stumm und herablassend, ja angewidert entgegennahm. Das Paar wartete, wartete und wartete. Nach einer Viertelstunde weiteren Wartens sprang der festlich gekleidete Bräutigam auf – er trug Nadelstreifenanzug mit dunkelroter Krawatte über weißem Hemd – und stürzte im Sturmschritt, von niemandem aufzuhalten, auch nicht von der Braut, in die Küche. »Alle Genossen hierher!« rief er dort mit lauter Stimme, in der Hoffnung wohl, daß die Genossen des Gaststättenkollektivs sich solidarisch um ihn scharen würden. »Alle Genossen mal herhören!« schrie er und führte lauthals Beschwerde über die Mißachtung der arbeitenden Bevölkerung in dieser HO-Gaststätte, die ein Saftladen sei und durch ihren miserablen Service den Aufbau des Sozialismus sabotiere. Doch die Parteimitglieder standen dem erregten Genossen nicht etwa bei, nein, das gesamte Personal, Kellner, Köche und Küchenhilfen, Genossen inklusive, erhob sich wie ein Mann gegen den Störenfried. Zwei griffen ihn und führten ihn unsanft aus Küche und Café, die Braut im Babydoll-Kleid folgte ihm kleinlaut. Dabei hatten sie doch nur Kaffee trinken, Eierschecken essen und nett bedient werden wollen in ihren Flitterwochen in Dresden, genannt Elbflorenz.

Die Diktatur der Kellner dauerte, solange die DDR bestand. Die Maßregelung, Bevormundung und Zurechtweisung der Gäste nahm im Laufe der Zeit eher noch zu. »Bitte warten, Sie werden plaziert«, »Reserviert«, »Geschlossene Gesellschaft« – solche Schilder konnten die rigiden Befehle der dienstleistungsunwilligen Bediener nur andeuten. Man muß ihnen begegnet sein, diesen miesen Machthabern von Krippe und Trog. Wie sie einen hinter eine Absperrung verbannten und im Pulk anderer Hungerleider warten ließen. Wie sie einen leeren Tisch ewig nicht saubermachten. Wie sie die brave Schlange im Eingangsbereich ignorierten. Wie sie einem die dunkelste Ecke zuwiesen, obwohl ein Tisch am Fenster frei war. Wie sie einen spüren ließen, daß sie es nicht nötig hatten, dienstbar und höflich zu sein. Wie sie einen »betuppten«, indem sie bei größeren Gesellschaften zwei Flaschen Wein mehr auf die Rechnung setzten oder die Tischdekoration dazu addierten. Wie sie Gäste, die sich in den Finessen der Gastronomie nicht auskannten, mit Herablassung straften. Wehe, man bestellte den Mokka mit dem Dessert zusammen, wo es sich doch gehörte, ihn erst nach dem Dessert zu nehmen. Oder man legte sich die Serviette nicht rechtzeitig auf den Schoß. Da zeigten sie einem, wo Gott hockt und was sie an der Leipziger Gastronomie-Schule gelernt hatten.

»Gehen Sie doch an die Bockwurstbude, da geht's schneller!« empfahl König Kellner dem Gast, falls der sich über zu lange Wartezeiten beschwerte. In einigen Interhotels traktierten die Kellner ihre Gäste schon morgens mit Märschen und Schuhplattlern, dröhnende Kellnermusik war eines der Kennzeichen der HOG. Während die Gäste eingeschüchtert murmelten, tauschten sich die Herren des Hauses in überlegener Lautstärke über das Fußballspiel von gestern aus. Was die Gebieter der Gastronomie mit dem Gast trieben, war Unzucht mit Abhängigen. Ausnahmen bestätigten die Regel. Kellner, die wie Kellner handelten, wurden verklärt wie letzte Exemplare einer aussterbenden Gattung. Man fragt sich, warum es diese Mangelware überhaupt manchmal gab – gewandte, gut ausgebildete, umsichtige, freundliche Kellner –, alles Masochisten?

1968 war das »Fachbuch für Kellner« erschienen, in dem die Mängel eines sozialistischen Kellners akribisch aufgelistet wurden: Bleistift hinterm Ohr, speckiges Haar, fehlende Knöpfe und Mundgeruch. Er solle öfter mal baden, stand da, seine Socken wechseln und bei nervösen Gästen einen Schritt zulegen. »Gepflegt, flink und parteilich« solle er sein. Graue Theorie, wie wir wissen. Noch 1986 sah sich die Zeitschrift »Gastronomie« veranlaßt, den Kollegen Kellnern Verhaltensregeln beizubiegen. Dem Gast sei geduldig zuzuhören, man lasse ihn ausreden und unterbreche ihn nicht. Alle Bemerkungen, einschließlich entsprechender Körperhaltung, Gestik und Mimik, die den Gast noch mehr reizen könnten, seien zu vermeiden. Auch bei unberechtigten Reklamationen solle der Gast nicht diffamiert werden mit Bemerkungen wie »Das können Sie nicht beurteilen« oder »Da sind Sie aber besonders empfindlich«.

An der Bar eines beliebten HO-Cafés nahm ein junger Mann Platz. »Was soll's denn sein?« fragte der Barmann. »Eine Tasse Kaffee komplett bitte«, sagte der Gast. Darauf der Barmann: »Ick habe aber grade Pause, Pech, wa?«

Wandte sich ab und ließ den Gast sitzen. Ohne Kaffee. Das war Selbstbewußtsein made in GDR. »Schöne Unfreundlichkeit der zum Lächeln nicht mehr Zwingbaren« – ist dieses Land vielleicht doch an seinen Vorzügen zugrunde gegangen?

Nimm ein Ei mehr!

Die enge Küche unserer im Parterre gelegenen »schwer vermietbaren« Wohnung – so nannte man runtergewohnte Altbaubehausungen ohne Badezimmer – verfügte über einen zweiflammigen Gasherd, einen Fensterschrank, den Ausguß mit fließend kalt Wasser und einfache Fenster, durch die im Winter der Wind pfiff. In einer amerikanischen Zeitschrift hatte ich eine Landhausküche gesehen, aus braunem Holz, so eine wollte ich. Keine Reformküche in Hellgrün oder Hellblau. Auch die fünf Quadratmeter große Durchreicheküche des Plattenbau P2, die später so begehrt war, wäre nicht nach meinem Geschmack gewesen, wenn ich mal außer acht lasse, daß ich sie gar nicht gekriegt hätte. Ich wollte, was zu haben war: schwer vermietbare Gestaltungsräume. Ein Tischler baute uns ein offenes Regal für das Geschirr, weiße Teller und Tassen, ohne jede Verzierung, unsere Wände waren auch weiß. Eine Kampfansage gegen die Tapete, ein strahlendes Bekenntnis zur Moderne.

Freunde studierten Formgebung an der Kunsthochschule, für sie war Form Inhalt. Die Form, meinten sie, sollte den Menschen zu Klarheit und Klassenbewußtsein erziehen. Die kämpferischen Formgeber hatten sie entworfen, die weißen Tassen und Teller, dazu eigensinnig dünne Messer und Gabeln. Nächtelang dozierten sie über die Gestaltung der Verpackung für eine elektrische Kaffeemühle und stritten darüber, welche Schrifttype reaktionär und welche sozialistisch sei. Alles sollte revolutioniert werden, jeder Kochtopf, jeder Schriftzug. Der Sieg des Sozialismus – davon waren die Form-Erneuerer fest überzeugt – hänge von den Dingen ab, mit denen wir uns umgeben. Funktional hatten sie zu sein, schmückende Elemente galten als kleinbürgerlich und fortschrittsfeindlich. Wer aus geblümten Sammeltassen trank und seine Ochsenschwanzsuppe von gemusterten Tellern löffelte, war ein Reaktionär.

Die Parteiführung teilte diese Meinung nicht. Weißes Geschirr und Röhrenvasen – in dieser hochwichtigen Angelegenheit wurde Anfang der Sechziger eigens ein ZK-Plenum einberufen, zur Festlegung eines parteilichen Standpunkts gegenüber weißem Geschirr und Röhrenvasen, er war ablehnend. Nicht einmal Helene Weigel, die sich stark machte für weißes Geschirr und Röhrenvasen, konnte dagegen an. »Weißes Geschirr und Röhrenvasen sind dekadent«, bestimmte das »Neue Deutschland«. Walter Ulbricht und Erich Honecker liebten lebenslang Geblümtes, 1978 noch ließ der Staatsratsvorsitzende seinen Gästen den Kaffee in Täßchen mit Streublümchenmuster servieren. Wir blieben bei Weiß.

Außer dem Geschirregal baute der Tischler uns eine lange, schmale Tischplatte, die einer Bar ähnelte, und eine ebenso lange Sitzbank, alles aus zimtbraun gebeiztem Holz. Einen Kartoffelkorb funktionierten wir zur Hängelampe um und schraubten eine Glühbirne rein; wenn sich der Korb bewegte, wanderte das Licht. Solange es irgend ging, hatten wir keinen Kühlschrank. Mit großer Geste verweigerten wir uns dem modernen Küchenmöbel, das teuer war und schwer zu haben. Leute mit Kühlschrank bezeichneten wir als Spießer. Unser bester Freund, ein linksradikaler Grafiker, verheimlichte uns monatelang, daß er auf Drängen seiner Frau der Anschaffung eines Kühlschranks zugestimmt hatte. Kamen wir zu Besuch, war stets die Küchenlampe defekt, damit wir bloß den Kühlschrank nicht sahen. Besitz macht unfrei, lautete unser Credo, das nicht nur revolutionär, sondern auch realistisch war, denn wir hatten nicht viel mehr als den Glauben, daß uns die Zukunft gehörte. Nebeneinander hockten wir am Tresen der Küche unserer schwervermietbaren Wohnung, aßen Grahambrot mit Gutsleberwurst, wußten uns im richtigen Teil Deutschlands und hörten »I can't get no satisfaction« von den Rolling Stones.

Der Bedarf an Leberwurst konnte in Berlin nur zu sechzig Prozent gedeckt werden – das steht in den Dokumenten des Ministeriums für Handel und Versorgung. Die Produktion von Kalbsleberwurst, Kaßlerleberwurst und anderen Leberpasteten sei vorübergehend eingestellt worden. Gutsleberwurst wurde offenbar weiterproduziert, oder wir gehörten zu den privilegierten sechzig Prozent Leberwurstessern, deren Bedarf gedeckt werden konnte. Uns war die Bevorzugung nicht bewußt, wie selbstverständlich aßen wir unsere Brote mit der Mangelware Leberwurst.

Die Leberwurst war knapp, dafür produzierten alsbald die Legehennen Überplanbestände. Der Eierberg mußte abgebaut werden, wir halfen mit. Zum Frühstück aßen wir Eier im Glas mit Ketchup, Paprika und Worcestersauce oder Spiegeleier oder Rühreier. Mittags Verlorene Eier, zum Abendbrot Bauernfrühstück. Oder:

Schwarzwurzeln mit französischer Eiersoße

Wir rühren drei Eidotter mit einem Teelöffel Stärkemehl, einem Viertelliter Milch oder besser »Immergut«, würzen mit Salz, Pfeffer und Muskat, rühren fleißig, fügen einen Eßlöffel Öl oder ein wenig Margarine hinzu und lassen die Soße sämig werden.

Am Abbau des Eierbergs beteiligt war zu einem nicht geringen Teil die Likörfabrik Zahna bei Halle. Dort wurde ein Eierlikör produziert, der doppelt so viele Eigelb enthielt wie üblich. Wir tranken ihn gern aus Schokobechern, die man hinterher aufessen konnte, natürlich waren Schokobecher Mangelware. Auch zum Schweden-Eisbecher gehörte neben Vanilleeis, Sahne und Apfelmus ein ordentlicher Schuß Eierlikör – die zahnlos zärtliche Mischung ist in ostalgielustigen Eiscafés heute noch zu haben und findet verliebte Anhänger.

»Nimm ein Ei mehr!« Die Empfehlung wurde mit Dringlichkeit verkündet, auch in der Fernseh-Werbesendung »Tausend Tele-Tips«. Die Rezeptvorschläge überschlugen sich. Alleskönner Ei. Verlorene Eier, Schinkeneier, Ausgebackene Eier. Spanische Eier, Russische Eier, Römische Eier, Ungarische Eier, Sizilianische Eier – die Welt, von der DDR aus gesehen, schien momentan allein von Eiern zu leben. Was man aus Eiern alles machen kann, verriet das »Magazin«, die Bückware in der sozialistischen Presselandschaft, in der Rubrik »Liebe, Phantasie und Kochkunst«. Zum Beispiel:

Chinesische Tee-Eier

6 geschälte, hart gekochte Eier lassen wir in folgender Mischung etwa eineinhalb Stunden ziehen, wobei die Soße ständig heiß gehalten werden muß: 2 knappe Tassen Wasser, ein halber Teelöffel Anis, 1 Eßlöffel Soyasoße oder Binowürze, zweieinhalb Teelöffel schwarzer Tee, ein Teelöffel Salz. In China werden diese Eier gern zum Frühstück oder auch bei Picknicks gegessen.

Einen Cholesterinspiegel kannten wir nicht, hatten wir nicht, bekamen wir auch nicht rein. Vor dem Eierberg in

Schutz genommen haben uns allein die Verpackungsprobleme und fehlenden Kühlkapazitäten der Eierindustrie. Auf diese Weise wurde das Ei, in riesigen Mengen vorrätig, zeitweilig und überraschend, doch noch zur Mangelware. Die Rhythmusstörungen der Planwirtschaft dominierten unsere Speisepläne. »Das einzige, das wir im Überfluß haben, ist der Mangel«, lästerten die Beutel-Bürger.

Operativplan Fleisch

Eierberg, Gutsleberwurst, Betriebskantine – Erinnerung will gefüttert sein, das historische Gedächtnis lagert in Archiven, eines davon ist das Landesarchiv Berlin. Vor dem U-Bahnhof Rathaus Reinickendorf hat ein vietnamesischer Textilhändler eine Menge Blusen und Kleider in den Wind gehängt. Kunden: keine. Ein paar Meter weiter beginnt das parzellierte Dasein einer Laubenkolonie. Danach Backsteinbauten mit ausgedehnten Freiflächen und verschiedenen Niederlassungen. Dann das Landesarchiv. Das Foyer weiträumig und leer, der helle Lesesaal mit Metalllampen über den Tischen, in der kahlen Cafeteria ein Getränkeautomat. Ich muß ihn lange studieren, bevor er Haselnußwaffeln ausspuckt und einen Kaffee weiß ohne Zucker. Eigentlich habe ich Hunger, aber den eingewickelten Bifi-Würstchen traue ich nicht. Ende der Fünfziger habe ich mit Vergnügen Schnitzel mit Kartoffelsalat aus den Fächern des Selbstbedienungsrestaurants am Alexanderplatz gezogen, das Heinzelmännchenhafte faszinierte mich; heute ziehe ich Bedienung vor. »Besuchen Sie auch unsere Cafeteria in der ersten Etage!« hatte verheißungsvoll auf einem Schild am Eingang gestanden – wozu eigentlich?

Im Lesesaal sitzen Geistesarbeiter tief über Akten gebeugt, denen sie geduldig die Bruchstücke vergangenen

Lebens zu entlocken suchen, Fragmente der Wahrheit. Geschichte setzt sich aus Einzelteilen zusammen, allein der Zusammenhang zählt. Mappen voll eng betippter dünner Seiten auf gelblichem Papier, das Staub ausdünstet und einem unter den Händen zerfällt. Ich sitze vor den Texten der DDR in den fünfziger, sechziger, siebziger Jahren, vor Aktennotizen über die allgemeine Versorgungslage, über Schulspeisung und Betriebsessen. Beschwerden, Eingaben, Rechnungen. Wochenspeisepläne aus dem Transformatorenwerk Oberspree liegen vor mir. Am 9. Dezember 1974 gab es in der dritten Schicht »gebratenes Schweinefilet mit Sahnetunke, Gr. Bohnen-Gemüse, 1 Banane und 1 T. Kakao«, die Werktätigen werden wenig zu meckern gehabt haben an diesem Tag.

Fotografien aus den fünfziger Jahren. In der Kantine weiß gedeckte Tische. Eine Serviererin mit Häubchen und Schürzchen, ungewohntes Bild. Ich kannte Kantinen nur mit Ausgabeschalter, wo man sich das Essen selber holte. Die neue Zeit hatte mit hochfliegenden Plänen begonnen; sogar eine spezieller Speisesaal für die Intelligenz war erwogen worden. Ein anderes Foto zeigt das Werksgelände des Berliner Glühlampenwerks. »BGW-Express« steht am Dach eines hölzernen Kiosks. Es herrscht fröhlicher Andrang. Ein Mann mit Hut und hellem Trenchcoat und eine dauergewellte Frau im Faltenrock teilen sich ein Bier aus der Flasche, zwischen ihnen auf dem Boden die abgestellte Aktentasche. Die beiden, vermutlich Angestellte, stehen leicht abgewandt, in kaum merklicher Distanz von einer Gruppe Arbeiter in Overalls, die mit zwei jungen Kolleginnen flirten, die eine trägt Pferdeschwanz, was hochmodern war damals – Szenen aus der Tragikomödie »Klassenlose Gesellschaft«. Auf dem Bild von der neuen Kaffeestube im Gebäude 1 desselben Betriebes ist »die chromblitzende ungarische Kaffeemaschine« zu sehen, »die den aromatischen Geruch des Kaffees über den ganzen Raum verbreitet«. Die

Kollegin Johanna Z., heißt es im Bildtext hinten auf dem Foto, hätte alle Hände voll zu tun in der neuen Kaffeestube.

Ich finde in diesem Archiv Fragmente meines Lebens wieder. Für ein paar Wochen hatte ich das BGW, das Berliner Glühlampenwerk, von innen gesehen. Ich weiß noch, wie ich am Morgen über die windige Warschauer Brücke zur Frühschicht gegangen bin, in die Abteilung Allgebrauchslampe, ein Praktikum, die junge Intelligenz sollte die Produktion schätzen lernen. Ich habe Schachteln für Glühbirnen gefaltet, das könnte ich noch heute, im Schlaf, wenn es sein müßte. »Es heißt nicht Glühbirne, es heißt Glühlampe«, wurde ich belehrt. Die Frauen am Band sangen West-Schlager beim Schachtelnmachen. »Marina, Marina, Marina, du bist doch die Schönste der Welt.«

Die Arbeit war monoton, ich freute mich auf die zehn Minuten Frühstückspause, mit Kaffee und Hackepeterbrötchen. Mittags, lese ich in den Akten, konnten die Glühlampenarbeiter unter sieben Essen wählen, zum gestaffelten Preis von fünfundfünfzig Pfennig bis zu drei Mark. Und doch haben nur siebenundvierzig Prozent am Werkessen teilgenommen, der anderen Hälfte hat es einfach nicht geschmeckt.

Aus einer grauen Archivmappe flattert eine Aktennotiz vom 16. März 1953 »über den unachtsamen Umgang mit Werkessen« im TRO, dem Transformatorenwerk »Karl Liebknecht«. Im abgelaufenen Geschäftsjahr seien aus dem Direktionsfonds Zuschüsse für das Werkessen in Höhe von siebenunddreißigtausend Mark gezahlt worden. Die Lehrlinge haben für ihr Essen einen Betrag von zehn Pfennig entrichtet. Dieser Zustand, empört sich der Unterzeichner, führte dazu, daß mit dem Essen sehr unachtsam umgegangen wurde. Die aus dem Direktionsfonds verausgabten Beträge könnten nicht mehr verantwortet werden. Er schlug vor, den Preis für das Lehrlingsessen auf dreißig Pfennig zu erhöhen.

Am 14. Januar 1964 leistete der Kollege T. einen Diskussionsbeitrag, in dem er mit den Zuständen in der Betriebsküche des TRO abrechnete. Es sei den Kollegen manches Mal nicht zuzumuten, das Werkessen einzunehmen. Sie müßten nicht nur die Augen verschließen, sondern sich auch die Nase zuhalten. Vergangenen Freitag zum Beispiel hätte sich übler Geruch im Speisesaal verbreitet. Die Küche hatte für die Schonkost einen Quark verarbeitet, der für die Schweinemästerei noch gerade gut genug gewesen wäre, für Schweine, aber doch nicht »für anfällige Menschen, die das normale Essen nicht vertragen«. Der leitende Koch hätte zwar eingeräumt, daß das Essen unangenehm rieche, habe aber doch »unseren Kollegen zugemutet, diesen, entschuldigt bitte den Ausdruck, Fraß als Schonkost anzusehen«. Auch sei es mehrmals vorgekommen, daß Hackbraten, Jägerbraten, Wiener Braten »völlig verdorben und innen schon ganz grün« gewesen seien. Man solle sich das Glühlampenwerk zum Vorbild nehmen, da funktioniere alles viel besser, obwohl die Küche weniger Stützungsgelder erhalte. Er könne noch eine Stunde und länger über die Mängel der Kantine sprechen, so Kollege T., nur einen wolle er noch erwähnen: Man hätte, »so unglaublich das auch klingt«, einen Kessel zum Kaffeebrühen in der Toilette eingebaut: »Ich würde empfehlen, daß der Kaufmännische Direktor jeden Tag an diesem Kessel seinen Kaffee brüht«, denn dann würde er entweder aufhören, Kaffee zu trinken, oder dafür sorgen, daß der Zustand verbessert werde.

Mir ist, als hörte ich die Zeit rauschen. All diese Stimmen der Jahrzehnte, die empörten und die gleichgültigen, die nervösen und die apathischen, ein Alltagschor im Banne seiner Ära. Wichtig ist der Augenblick, mögen Spätere diese Angelegenheiten noch so läppisch finden.

»Unsere Kochtöpfe müssen kleiner werden!« – der skurrile Verbesserungsvorschlag kam 1963 von einer Arbeitsgruppe der Branche Eisen, Blech und Metallwaren. Man wolle eine Veränderung der Größenverhältnisse bei Kochtöpfen vornehmen. Der Durchmesser von bislang vierundzwanzig und achtundzwanzig Zentimeter solle auf sechzehn und achtzehn Zentimeter reduziert werden. Durch diese Maßnahme würden die Rohstoffe wirksamer eingesetzt und der Wunsch der Bevölkerung nach kleineren Kochtöpfen besser befriedigt, steht schwarz auf grau auf Ormig-Papier. So kann man eine schwankende Versorgungslage auch wieder ins Gleichgewicht bringen – weniger kochen!

Einem ähnlichen Prinzip folgte ein Jahrzehnt später eine Anweisung in den HO-Gaststätten. Der allgegenwärtige Krautsalat aus geschnittenem Weißkohl und Rotkohl, der bislang im Extraschälchen serviert worden war, wurde nun auf den Teller verbracht, als Füllmasse, dafür hatte die HOG die Fleischportionen verkleinert. Diesen Trick verriet mir eine junge Kellnerin, die noch in der Lehre und nicht mit allen Wassern gewaschen war. Er hatte jedoch den unangenehmen Nebeneffekt, daß sich der kalte Salat unter das warme Essen mischte. Es war nun lauwarm, als hätte es der Kellner zu lange in der Küche stehenlassen.

Je länger die DDR existierte, um so nichtssagender ihre Akten. In den siebziger und achtziger Jahren wurden die Berichte zu Formalien, zu Pflichtexerzitien, Dokumenten der Erstarrung. Die Genossen wollten ihre Ruhe haben, und die findet man am besten im Allgemeinen. Das Konkrete unterlag der Gewalt der Floskel und der Gleichgültigkeit der Phrase. Die Seuche Stagnation hatte die Sprache infiziert und die Verben in die Flucht geschlagen. Keine Tätigkeitswörter, keine Handlung. Die Anhäufung von Substantiven dokumentiert Handlungsunfähigkeit und Unlust. Der Briefwechsel zwischen dem Kollegen L. und dem Kollegen P. aus dem Jahre 1960 dagegen ist

Klartext: »Es fehlen Hockerkocher und Kippbratpfannen. Mit soz. Gruß Polauke«.

Ein Brigade-Album versammelt Fotografien aus den Anfangsjahren der HO. Bilder von Geschäftseröffnungen und hübsch dekorierten Ladentheken, Dokumente erster Verkaufserfolge. Ich blättere das Album durch, einmal, zweimal, noch einmal. Es ist anstrengend, die kleinen Fotos zu betrachten. Da, unscharf unter den Schatten der Vergangenheit, erkenne ich das Haus Greifswalder Straße 206, das Haus meiner Kindheit! Regennasser Asphalt, schmale Haustür, Schrift auf weißem Grund: HO Lebensmittel. Vor dem Laden ein leer geräumter Marktstand, Kisten mit Flaschen, neben denen ein dünner Junge auf etwas wartet, er hat die Spätheimkehrermütze seines Vaters oder seines Onkels auf dem Kopf. Auf der Rückseite des Fotos hat jemand das Jahr 1950 vermerkt. Er ist es, mein HO-Laden, der mit dem Kuchenbrötchen, dem weißen, weichen, süßen, dem ersten. Archive sind zuweilen Paradiese.

Es ist Nachmittag, ich habe Hunger. In der Eingangshalle eine Tafel: »Unser Imbiß-Angebot«. Die Rede ist von Ciabatta mit Mozzarella und Tomate, von Pizza und Würstchen. 10.30 h bis 10.45 h! Eine Viertelstunde Essenfassen. Ganze fünfzehn Minuten. Wer zu spät kommt, den bestraft das Leben. Es ist vierzehn Uhr dreißig, hungrig kehre ich zurück in den Lesesaal.

»Ohne Ausnahme ist die Versorgungslage in allen Bezirken sehr angespannt«, heißt es im Mai 1961 in einer Information des Ministeriums für Handel und Versorgung »für den Gen. Ulbricht«. Der Operativplan Fleisch reiche nicht aus, den Bedarf der Bevölkerung mengenmäßig voll abzudecken. Unter Berücksichtigung des Rückganges Hausschlachtung und des Rückganges im Angebot von Pferdefleisch werde gegenüber dem Vorjahr erheblich weniger Fleisch zur Verfügung gestellt. Dabei, so der berichterstattende Genosse, »hatten wir im Vorjahr zu diesem Zeitraum eine ebenfalls schwierige Versorgungslage«. »Es muß eingeschätzt werden«, fährt der verzweifelte Genosse fort, »daß im Bezirk Rostock die Versorgungslage mit Fleisch sehr ernst ist.« Im gesamten Bezirk sei die Bockwurstproduktion eingestellt worden, es werde nur noch Dampfwurst produziert. Dampfwurst! Die habe ich doch auch gegessen, sie hat mir sogar besser geschmeckt, da war Majoran drin. In sämtlichen Gaststätten, so der Mann vom Ministerium für Handel und Versorgung, würden ab sofort zwei bis drei fleischfreie Tage durchgeführt. Keiner der zehntausend Urlauber könne in dieser und in der kommenden Woche Fleisch erhalten, lese ich.

Der Genosse machte sich große Sorgen. Die Gesamtlage im Bezirk Rostock führe bereits zu ernsthaften negativen Diskussionen. Die Frauen im Möbelwerk Stralsund drohten damit, die Arbeit einzustellen, falls zum Wochenende nicht ausreichend Fleisch bereitgestellt werde. Beim Rat des Kreises Bad Doberan ging ein anonymer Anruf ein: »Wenn sich die Fleisch- und Wurstwarenversorgung nicht bessert, fangen wir an zu streiken und legen Brände an.«

Ich gehe noch einmal zum Automaten in der Cafeteria, drücke als nunmehr Eingeweihte die Taste für die Haselnußwaffeln, esse sie bis zum letzten Krümel auf und widme mich wieder den Akten. Der Saal ist sehr still jetzt, nur das müde Rascheln der alten Papiere ist zu hören. Die unsichere Fleischversorgung, lese ich, hatte das Transformatorenwerk Oberspree bewogen, eine eigene Schweinemästerei einzurichten. Sie befinde sich in einem ehemaligen Kuhstall, der mit einem Kollegen Schweinemäster besetzt sei. Eigentlich hat ein Transformatorenwerk mit der Aufzucht von Schweinen wenig zu tun, abgesehen davon, daß die Angehörigen dieses Betriebs nun jeden Tag Schweinebraten essen konnten und der Rest des zusätzlichen Fleischaufkommens in den sozialistischen Handel ging.

Irgendwann wollte das Werk die Schweine wieder loswerden. Das war nicht einfach, wie in den Akten des Landesarchivs zu lesen ist. Leider, ist in einer ungehaltenen Notiz dokumentiert, sei es bisher nicht gelungen, die Genehmigung des Rates des Stadtbezirks zu erhalten, »da auf Grund des Fleischmangels das Fleischaufkommen unserer Schweinemästerei eingeplant ist und dieselbe vom TRO weitergeführt werden soll«. Alle Hoffnung, die Schweine abzustoßen, ruhe auf der eventuellen Gründung einer LPG in Müggelheim, »die an unserem Schweinebestand zur Weiterzucht sehr interessiert ist«.

Punkt achtzehn Uhr wird das Landesarchiv geschlossen. Fünf Minuten vor Schluß haben die Mitarbeiter schon ihre Mäntel an. Eine verspätete Besucherin muß schnell noch zur Toilette, die Mitarbeiter klappern mit den Schlüsseln.

Jägerschnitzel à la Nouvelle cuisine

Die Erinnerung läßt sich manchmal lange bitten, das Gewöhnliche rückt sie besonders ungern raus: Habe ich eigentlich gekocht? Da ich eine verheiratete Frau war, muß ich wohl dann und wann gekocht haben. Verlorene Eier in Senfsoße, Carnito, die vielseitig verwendbare Fleisch-Gemüse-Konserve. Glas auf, Topf her, warm gemacht! Carnito mit Makkaroni, Tomatengulasch mit Makkaroni, Makkaroni mit Eierfrüchten. Hinter der Bezeichnung Eierfrüchte verbargen sich Auberginen, es gab sie nur als Konserve. Viele wußten mit dem fremden Gemüse nichts anzufangen, deshalb verschwand es schließlich wieder aus den Läden, wie vorher Krebsfleisch und Langusten und später Zucchini, in gewisser Weise auch Chicorée. »Was der Bauer nicht kennt, ißt er nicht.« Kein Verkäufer war imstande, unbekannte Lebensmittel hinreichend zu erklären, also sind sie nicht gekauft worden, manche von ihnen verschwanden so unauffällig, wie sie gekommen waren. Knoblauch galt in den Sechzigern noch als anrüchig. Meine Mutter sagte, und sie meinte das so unschuldig wie irgend möglich, daß nur die Kleiderjuden in der Münzstraße Knoblauch äßen, was man auch gerochen hätte. Später waren die Knollen begehrt, aber rar. Man brachte sie aus dem Bulgarien-Urlaub mit oder nutzte den visafreien Verkehr, um in den Hausfluren von Szczeczin günstig Geld zu tauschen und dafür neben einem bestickten Lammfellmantel und einem Pfund Pilzen auch ein Kilo Knoblauch zu erwerben. Der Duft im Auto auf der Fahrt zurück war dionysisch, der Pelz roch nach Bock, die Pilze nach Pilzen, der Knoblauch nach Knoblauch und alles zusammen nach Bac, dem Deo-Spray aus dem Westen, das man in Polen für Złoty kaufen konnte und das in diesem Fall hauptsächlich gegen den Schafsbockdunst des neuen Mantels eingesetzt worden war.

Auf dem Zwiebelmarkt in Weimar erstand man dekorative Zöpfe aus Knoblauchknollen, um sie an Geburtstagen zu verschenken. Sie schmückten die Küchen und verdorrten, weil keiner soviel Knoblauch auf einmal verbrauchte. Warum Knoblauch nur auf Volksfesten oder in Bulgarien und Polen zu haben war, bleibt eines der ungeklärten Geheimnise dieses geheimnisvoll geheimnislosen Landes, wo sich die Nachricht, daß es irgendwo Knoblauch gab, wie ein Lauffeuer verbreitete.

Eigentlich habe ich nur am Wochenende gekocht. Wenn nicht ungarischen Gulasch, dann mit Hackfleisch gefüllte Paprikaschoten, Buletten mit Salzkartoffeln und Mischgemüse oder Bohneneintopf aus der Büchse, manchmal Rouladen. Salat habe ich auch gemacht, immer nur Kopfsalat, auf bewährte Art. Kein großes Dressing, nur Essig und ein bißchen Zucker über die grünen Blätter, das war alles. Und Jägerschnitzel. Jägerschnitzel war gut, Jägerschnitzel ging schnell, Jägerschnitzel war herzhaft, wie man diese Geschmacksrichtung in jenen Zeiten gerne nannte. Zwei dicke Scheiben Jagdwurst panieren und braten. Dazu Makkaroni mit Tomatensauce. Jagdwurst war niemals Mangelware, Jagdwurst bekam man, ohne auf die Jagd zu gehen.

Plötzlich habe ich Appetit auf ein Jägerschnitzel. Ich setze die Eingebung umgehend in die Tat um, kleine Sünde im Sinne der Erinnerung. »Haben Sie Jagdwurst?« frage ich in einem der wenigen noch verbliebenen Fleischerläden. »Haben Sie?« – die alte Ostfrage. Ich halte es durchaus nicht für selbstverständlich, daß der Fleischer Jagdwurst hat, in meiner Gegend wohnen neuerdings eine Menge Ökos und Vegetarier, was sollen die mit Jagdwurst. »Zwei dicke Scheiben Jagdwurst bitte!« Peinlich, so eine fette Wurst zu verlangen, noch dazu in dicken Scheiben. Ausgesprochen verfressen komme ich mir vor neben der minimalistischen Kundschaft, die mit fester Stimme »drei dünne Scheiben Fenchelsalami und fünfzig Gramm gegrillten Putenschinken« fordert. Ich eile mit der Jagdwurst nach Hause und erlaube mir eine Adaption des alten Rezepts: die Jägerschnitzel in Olivenöl braten, nicht in der Margarine Sonja. Die Sauce mache ich aus frischen Tomaten mit Basilikum, nicht aus Tomatenmark. Anstelle weicher, wabbliger Makkaroni koche ich Spaghetti al dente. Jägerschnitzel à la Nouvelle cuisine. Und doch schmecken sie nach Vergangenheit. Nach Schulspeisung, nach Mensa und Kantine, nach Von-der-Arbeit-schnell-zum-Kindergarten und Schnell-Einkaufen, Schnell-nach-Hause, Schnell-was-Schönes-zum-Abendbrot-Machen. Nach Geborgenheit auch.

Der Bürger und sein Beutel

Als gleichberechtigte Frau hielt ich wenig von Küchenarbeit, pure Zeitverschwendung, ich hatte mit meiner Selbstverwirklichung zu tun und erledigte in der Küche nur das Notwendigste. In Zukunft würde die Essenszubereitung ohnehin vergesellschaftet werden. Warum sollte jede einzelne Frau in jeder einzelnen Küche stehen und kochen. Es wäre doch sinnvoller, das Kochen zentral zu erledigen; wir dachten damals in gewaltigen Dimensionen. Wie eine große, dicke, rigorose Mama, die von der Güte ihrer Kochkünste zweifelsfrei überzeugt ist, kam die Gemeinschaftsverpflegung über das Land. In Betrieben, Kindergärten, Schulen und Ferienheimen sind riesige Berge von Essen gekocht worden. Über alles ergoß sich dieselbe Soße, über Schnitzel und gebratene Leber, Hühnerfleisch und Sauerbraten. Die Tunke war von einem satten Braun, mahagoni wie alte Wohnzimmer-Buffets; selbst die Zucker-Zimt-Melange auf dem Milchreis sah aus wie braune Tunke.

Die Großbetriebe sorgten für ihre Betriebsangehörigen, als seien sie Mitglieder einer Großfamilie. Die Bindung sollte bis zur Rente währen, Arbeitskräfte waren knapp. Nicht nur während der Stunden, die sie im Werk verbrachten, kümmerte sich der Betrieb um das leibliche Wohl seiner Mitarbeiter, auch für die Zeit danach zeigte er sich um sie besorgt. Die Kantine stellte Halbfertiggerichte für zu Hause zur Verfügung, geputztes Gemüse, geschälte Kartoffeln; die berufstätige Frau sollte am Wochenende nicht mit Einkaufen und Kochen belastet sein, sie sollte sich erholen und ihre Arbeitskraft reproduzieren können. Die Betriebsverkaufsstellen verfügten über Mangelwaren: Schweinefilet, Erdbeeren, Kaffeesahne, Wernesgrüner Bier. Täglich war was mitzunehmen, mal mehr, mal weniger. Die Beute mußte verstaut werden, der Bürger und sein Beutel vereinten sich zu einer bizarren Symbiose. Der Beutel aus Dederon ließ sich diskret zusammenfalten und mit einem Plaste-Druckknopf schließen. Nach Schichtschluß sah man Herden von Beuteltieren auf dem Weg ins Nest. Je nach Versorgungslage verließen sie das Werk mit prall oder mäßig gefüllten Beuteln. Sie schoben sich mit ihren Naturalien über Brücken und Bahnhöfe, durch U-Bahn-Tunnel und Unterführungen, ein Heer von Hamstern. In seltsamer Uniformität füllten die Betriebs-Beuteltiere Straßenbahnen und Busse. Dort stießen sie auf die gewöhnlichen Beuteltiere aus Verlagen, Redaktionen und Büros, die mangels gutbelieferter Betriebsverkaufstellen in den Lebensmittelläden auf Nahrungssuche gewesen waren und Schlange gestanden hatten – ein unfreiwilliger Verein zur Bewältigung des Alltags.

Was waren das für Abende, an denen unverhofft ungarische Salami auf dem Tisch stand, dazu eine Flasche Stierblut oder Rosenthaler Kadarka, je nach Geschmack, der erste ein herber Rotwein aus Ungarn, der zweite ein lieblicher aus Rumänien, ersteren bevorzugte die Intelligenz, mit letzterem tüterte sich einen an, was unter die Kategorie Arbeiter und Bauern fiel. Hatte man außer der Salami aus Ungarn noch Ölsardinen in der Büchse aufgetrieben, wurden vor lauter Freude gleich die Nachbarn eingeladen. Die brachten als Gastgeschenk eine Flasche Nordhäuser Doppelkorn mit, zwar keine Mangelware, dennoch geschätzt. Walter Ulbrichts Ziel, den Westen im Pro-Kopf-Verbrauch einzuholen, schien an solchen Abenden gar nicht mal so fern.

Da hier eine sozialistische Planwirtschaft am Lebensrhythmus beteiligt war, zogen sich solche spontanen Konsumorgien manchmal länger hin, als es an Werktagen angeraten schien. Kündigung hatte der Kollege unter keinen Umständen zu fürchten, mochte er am nächsten Morgen noch so lange über den Arbeitsbeginn hinaus im Bett verweilen. Sollte er ein Stündchen später zur Arbeit kommen, schuldete er seinem Chef kaum Rechenschaft; vielleicht gab es ja Knupperkirschen im Gemüsekonsum, man konnte sich anstellen und seinem Leiter ein Körbchen mitbringen. Mein Nachbar, ein Ingenieur für Spielzeugeisenbahnen, ging morgens pünktlich zur Arbeit, anderthalb Stunden später war er wieder zu Hause und frühstückte ausführlich mit seiner Frau, einer selbständigen Friseurmeisterin, die ihren Laden erst um elf öffnete. Irgendwann kehrte er gestärkt und fröhlich in seinen Betrieb zurück. »Ich bin doch keine Maschine, ich bin doch ein Mensch«, erklärte er, »ich brauche Ruhe für mein Frühstücksei.« Die allen Werktätigen zustehenden sechs Wochen Krankschreibung bei vollem Lohn schöpfte der kerngesunde Ingenieur jedes Jahr aus, danach fuhr er braungebrannt wieder zur Arbeit, den Beutel im Handschuhfach. Der Ehrgeiz, die Produktivität seines Spielzeugeisenbahnbetriebs zu steigern, war verkümmert. Der Ingenieur war kein »neuer Mensch«, ein real sozialistischer allemal.

Wo eine Schlange war, stellte man sich an. Sicher war, daß was geliefert worden war, was man gebrauchen konnte, auch wenn man es nicht gebrauchen konnte. SKET hieß die Methode: Sehen, kaufen, einlagern, tauschen. Das Angebot bestimmte das Bedürfnis. Die Angebote sind sehr unterschiedlich gewesen. Die Republik war in Versorgungszonen aufgeteilt. An erster Stelle stand Berlin, das »Schaufenster des Sozialismus«, der Westen sollte sich von der blühenden sozialistischen Landschaft nebenan überzeugen können. Den zweiten Platz nahm Leipzig ein, weil die Messestadt ebenfalls ein Schaufenster des Sozialismus war. An dritter Stelle folgten die »Zentren der Arbeiterklasse« Karl-Marx-Stadt, Dresden und Gera, an vierter standen Magdeburg, Halle und Cottbus. Mit dem fünften Platz hatten sich die sogenannten Landbezirke Rostock und Schwerin abzufinden.

Die Rangfolge hat sich in späteren Jahren öfter mal verschoben, doch Berlin blieb vorn, die Hauptstadt erlebte die Versorgungsmängel in abgeschwächter Form, hier gab es, was es woanders nicht gab. Ein paar Kilometer weiter allerdings konnte es schon ganz anders aussehen. Da war in Babelsberg kein trockener Rotwein mehr zu haben, in Storkow kein Edamer, schon in Bernau gab's keine H-Milch mehr, in Neuruppin war Rinderfilet ein Fremdwort. In der

Hauptstadt, hieß es, geht die Hausfrau einkaufen, in der Republik begibt sie sich auf Nahrungssuche. Die zonalen Beutelbürger wollten sich der Klassifizierung in einer vorgeblich klassenlosen Gesellschaft nicht fügen, anhaltende Empörung machte sich breit über das bevorzugte Berlin, wohin man, besonders vor Festtagen, als Dienstreisen getarnte Einkaufstrips unternahm, um sich mit dem einzudecken, was nur in der Hauptstadt aufzutreiben war. Dazu benötigte der Provinzler viele Beutel.

»Da ich seit langem vergeblich auf eine Verbesserung in der Versorgung m. frischem Obst und Gemüse in meiner Heimatstadt Eisenach warte, habe ich mich nun zu einer Eingabe entschlossen«, schrieb ein genervter Bürger an das Ministerium für Handel und Versorgung. Am Freitag, dem 5. 6. 1987, um 14.30 Uhr habe er sich nach Gurken und ersten Tomaten angestellt. »Bereits um 14.50 h war alles ausverkauft, ich ging leer aus. Es konnte ganze 20 Minuten bei einer Zuteilung v. 2 Gurken und einer Tüte Tomaten pro Person versorgt werden.« Als Alternative seien ihm Kohlrabi und Rhabarber angeboten worden, teilte der Eisenacher mit und daß er mit diesem Versorgungsniveau nicht länger einverstanden wäre. Er habe gehört, daß die Versorgung in Berlin wesentlich besser sei: »Besteht ein Unterschied zwischen dem Bedarf eines Berliners und dem eines Provinzlers?« fragte der aufgebrachte Mann.

»Die in der Zone waren ja weitaus schlechter dran als wir«, sagten die Eheleute F. neulich im Mitteldeutschen Fernsehen, sie wußten noch genau das Datum des jährlichen Südfrüchteverkaufs in Berlin, der Hauptstadt der DDR: Vom 6. Dezember bis 15. Januar. Da grasten sie die halbe Stadt nach Apfelsinen ab, die schickten sie dann nach Thüringen zu ihren Quartiereltern. So sicherten sie sich ihren Urlaubsplatz für den nächsten Sommer. »Bei der HO keine Bekannten, im Konsum keine Verwandten, aus dem Westen kein Paket, da fragste noch, wie's geht?« Berliner zu sein war ein Privileg. Das ließen ihn die Magdeburger, Görlitzer, Karl-Marx-Städter und alle anderen Nicht-Berliner spüren. Wenn er in dem Ort, wo sein Wochenendhäuschen stand, einkaufen wollte, übersah ihn die Konsumverkäuferin. An manchen Tankstellen wurde er nicht bedient. Es kam vor, daß Autos mit Berliner Nummer auf dem Parkplatz die Reifen zerschnitten wurden. Ein Bürgerkrieg um gefüllte Futternäpfe und volle Beutel.

Der Einkaufsbeutel ist stets geblümt gewesen, als sei das ein unumstößliches Gesetz. Geblümt wie die Schürze der Hausfrau – ein durch die Umstände installiertes Beiwerk der Gleichberechtigung, von androgyner Form. Der Geblümte hat die Emanzipation vorangetrieben. Machos hatten keine Chance, der Beutel wirkte neutralisierend, er hatte nur ein Ziel: voll werden. Er war sehr nützlich, unser Einkaufsbeutel, sexy war er nicht, er machte Männer und Frauen zu Muttis und Vatis. »Hast du was mitgebracht?« fragten die Kinder zu Hause. Mutti packte aus. Vati auch. In Horst Sagerts legendärer »Urfaust«-Inszenierung von 1984 hatte Faust, als er zu Margarethe in den Kerker kam, selbstverständlich seinen Einkaufsbeutel dabei. Auch in den Verliesen der Tragödie war der Bürger nicht entlassen aus der unfreiwilligen Komik des Alltags.

Ich kenne jemanden, der hatte an seinem Taschenmesser außer Korkenzieher und Schere auch Messer und Gabel. So ein Survival-Set hätte jedem Beutelbürger gut angestanden. Wir wußten nie, was kommt, da war es gut, für die Wechselfälle des Lebens gerüstet zu sein – zuschnappen, wenn sich Gelegenheit bietet, zubeißen, wenn Beute naht, aufteilen, weil es in Gemeinschaft besser schmeckt.

»Die Frau hinter dem Ladentisch« hieß eine zwölfteilige Fernsehserie, die das DDR-Fernsehen 1978 vom tschechoslowakischen Fernsehen gekauft hatte. Intendant A. wollte dafür werben und in den HO-Läden Plakate kleben, fragte aber sicherheitshalber beim Genossen Minister für

Handel und Versorgung nach, ob der damit einverstanden sei. Der Genosse war alles andere als einverstanden, er war vielmehr alarmiert. Aus volkswirtschaftlichen Gründen sei er in keiner Weise daran interessiert, »Versorgungsfragen – vor allem auf dem Gebiet von Nahrungs- und Genußmitteln wie Fleisch, Wurstwaren, Kakaoerzeugnisse, Südfrüchte u. a. – in den Blickpunkt der Öffentlichkeitsarbeit zu stellen, die eventuell noch den Verbrauch solcher Waren stimulieren könnten«. Die Angst der Regierenden vor den leiblichen Bedürfnissen ihrer Bürger war groß.

Kleines Gedenken zwischendurch

Dann und wann muß man zum Friseur, auch wenn man ein Buch schreibt. In einem »Hairstyling-Salon« unterhalten sich die Friseurin und eine Kundin beim Strähnchenfärben, erst über den Urlaub, dann über das Einkaufen damals in der DDR. Unter dem Schutz einer Wärmehaube schreibe ich mit.

Kundin: Uns ging's ja noch gut, aber die in der Republik …

Friseurin: Was is'n das für Joghurt, gibt's den in Berlin? wurde ich gefragt, wenn ich nach Hause kam. Bei uns in Mecklenburg gab es den Joghurt noch in Flaschen, der schmeckte ganz gut, aber man mußte die Flaschen wieder abwaschen und sie in die HO zurückbringen. In Berlin hatten sie den Joghurt schon in hübschen kleinen Plastikbechern, die konnte man nach dem Essen einfach wegwerfen. Wer aus Berlin vom Einkaufen kam, wurde in der Provinz umringt wie die Tante aus dem Westen, nich?

Kundin: Bringt doch bitte Spee mit, haben unsere Verwandten in Gera gebeten, wenn wir sie besuchten, bringt Radeberger mit, wenn ihr könnt, oder Eberswalder Salami, und wenn ihr was an Obst kriegt.

Friseurin: Obst, ja, Obst, was für Obst, das war schon egal. Mal 'ne grüne Gurke, nich?

Kundin: Wissen Sie noch, die polnischen Hortex-Läden? Perlzwiebeln, Pilze, Champignons, die kleinen Gürkchen ...

Friseurin: Meine Eltern haben viel eingeweckt, mein Vater hat alles im Keller gebunkert, Grillgeräte, Bohrmaschinen, Autoteile und reihenweise Gläser mit Kirschen, Aprikosen, Birnen, Zucker, Mehl und Mostrich.

Kundin: Wir haben alle gebunkert. Jede Woche bin ich meine Runde abgelaufen nach was Besonderem. Fünf Fleischer in der Gegend habe ich abgeklappert, zum Bäcker bin ich schon in aller Herrgottsfrühe, damit ich meine Brötchen hatte. Mein Mann war ja bei der Handwerkskammer, das half schon was. Beim Fleischer mußte man alles nehmen, was er einem zurückgelegt hatte. Wenn man es nicht nahm, kriegte man das nächste Mal nichts mehr. Können Sie sich ja vorstellen, wie wir manchmal in den Fleischpaketen versunken sind, unsere Kühltruhen waren voll bis obenhin ...

Friseurin: O Gott ...

Kundin: Ich kann Ihnen sagen ... Einmal hat Freitagnachmittag in der Schlange vor dem Fleischer jemand rumgesponnen: Stellt euch vor, hat er gesagt, stellt euch vor, ihr kommt von der Arbeit, und vor dem Fleischerladen ist keine Schlange. Ihr kommt gleich ran und werdet freundlich gefragt: Was soll's denn sein, Schweinefilet oder Rindslende? Welches Stück bitte möchten Sie haben? Die ganze Schlange hat gewiehert über diese Vorstellung.

Friseurin: Und heute ist es so, nich, und wir sind trotzdem nicht zufrieden ...

Kundin: Wenn wir im Mai eine Jugendweihe hatten, haben wir im Januar die Gaststätte bestellt und das Buffet. Spezielle Sachen, Ananas in der Büchse oder Spargel in der Büchse, haben wir selber mitgebracht, das holten wir vorher aus dem Delikat, da mußte man auch anstehen. Bier haben wir auch selber mitgebracht, mein Schwager war bei der Mitropa. Manchmal sind wir mit unserem Westbesuch spazierengegangen, haben denen die Stadt gezeigt. Haste 'n Beutel mit, fragte mein Mann. Fragte der Westbesuch: Was möchtest du denn kaufen? Mal sehn, Erdmut, habe ich gesagt, mal sehn, was es gibt. Unser Besuch hat sich gewundert.

Friseurin: Aber ich sag Ihnen, es hat Spaß gemacht, auf die Jagd zu gehen, nich? Heute ist das anders, es gibt doch alles.

Kundin und Friseurin lachen. Wir waren gerade in Wien, im Burgtheater haben wir den Brandauer als Nathan gesehen, berichtet die Kundin noch. Und, Wiener Schnitzel gegessen? fragt die Friseurin. Nee, das nicht, antwortet die Kundin: Sachertorte.

HO-Silber und goldene Klinken

Im Westen das Wirtschaftswunder, im Osten die Butter rationiert. Ulbrichts Vision, den Westen im Butteressen zu schlagen, blieb erst mal unerfüllt. Die Attraktivität des Sozialismus war in Gefahr, es mußte sich was ändern. Walter Ulbricht war gewandter, als seine retardierte Rhetorik vermuten ließ, und moderner als seine Hosenträger. Reformieren wollte er, automatisieren, die Produktivität steigern: »Wie wir heute arbeiten, werden wir morgen leben.« Wir sollten in die strahlende Zukunft investieren und heute fröhlich bei Funzellicht sitzen. Morgen würden wir im Schlaraffenland leben, die Tauben müßten nur noch ein bißchen gemästet werden. Morgen, morgen, nur nicht heute, sagen alle faulen Leute. Ulbricht installierte das Neue Ökonomische System der Planung und Leitung der Volkswirtschaft, NÖSPL. Von ökonomischen Hebeln war jetzt die Rede, von Eigenerwirtschaftung der Mittel und materieller Interessiertheit, von kostendeckenden Preisen, von Gewinn gar. Die Modifizierung der Planwirtschaft in Richtung Marktwirtschaft sollte in Gang kommen. Die großen Kombinate, die »sozialistischen Konzerne«, sollten mehr Eigenständigkeit erhalten, marktwirtschaftliche Mechanismen sollten greifen, ohne das Volkseigentum in Frage zu stellen. Das Experiment forderte Opfer, der Chef der Staatlichen Plankommission, Erich Apel, erschoß sich, weil er die DDR in nicht mehr vertretbarem Maße von der Sowjetunion benachteiligt sah. Die Reform scheiterte, ihre Gegner machten Ulbricht für die nicht enden wollenden Versorgungsengpässe verantwortlich. Kein Fleisch, kein Käse, keine Butter.

Frau B. in Karl-Marx-Stadt schrieb eine Eingabe an die Abteilung Handel und Versorgung: »Bitte teilen Sie mir mit, wo, wann und wieviel Butter mir zusteht für eine Hochzeitsfeier mit ca. 30–35 Mann, die am 6. 2. 65 stattfinden wird. Meine Verkäuferin sagte mir, es stünde mir 1 Stück Butter und 1 Flasche Kondensmilch zur Verfügung. Es ist völlig unmöglich, damit auszukommen. Es ist schließlich eine einmalige Angelegenheit mit auswärtigen Gästen. Wir sind ja nicht mehr im Jahre 1946, wo wir tatsächlich nichts hatten. Unsere Republik ist meiner Meinung nach jetzt reich genug, für solche Gelegenheiten mehr zur Verfügung zu stellen.« Es sei ihr auch nicht möglich, schimpfte Frau B., »vorher schon abdarben zu lassen, da alle Familienmitglieder berufstätig sind, wir auch keine Beziehungen haben, zusätzlich irgendwie Butter zu kaufen. Ich würde mich freuen, wenn ich auf legalem Wege meine Gäste anständig bewirten könnte, ohne an einem solchen Tage Margarine vorsetzen oder verwenden zu müssen.«

»Abdarben« – das Wort weist auf den Grad der Empörung hin, die Frau geriet außer sich bei der Vorstellung, auf einer großen Familienfeier Margarine auf den Tisch stellen zu müssen und Kaffee ohne Kaffeesahne. »Gute Butter« war immer noch das Symbol anständiger Ernährung, die Werbekampagne für Margarine »Sei klug wie Nanett, verwende Pflanzenfett!« hatte bislang kaum Früchte getragen. Der Eingabe von Frau B. war Erfolg beschieden. Man teilte ihr für die Hochzeit eine Extra-Ration zu, fünf Stück Butter und drei Flaschen Kondensmilch. So wird es denn doch noch eine schöne Feier geworden sein.

Das Institut für Bedarfsforschung konstatierte im Jahr 1966 einen andauernden Mangel an Südfrüchten, Schalenobst, Dauerbackwaren, Knäckebrot, Fleisch, Wurst, Molkereiprodukten, Fetten, Reis, Honig, Mohn, tischfertigen Konserven, Kindernahrung, Frischgemüse, Obst sowie Gemüse- und Obstkonserven. »Kommunisten, gebt uns mehr zu fressen, oder habt ihr den 17. Juni schon vergessen?« grummelte es immer mal wieder aus den Tiefen der arbeitenden Klasse. Ich nahm der Regierung den Mangel an Butter, Kaffeesahne und Knäckebrot nicht so übel wie Frau B. aus Karl-Marx-Stadt. Ich habe mich mit den Dingen einfach abgefunden, die DDR war arm, der Westen reich. Es hat mir wenig ausgemacht zu jener Zeit, ich war mit den Stimmungsschwankungen beschäftigt, die das Philosophie-Studium in mir anrichtete. Dogmatismus und Schönfärberei ließen sich nicht mit Kampf und Einheit der Widersprüche erklären.

Ich hielt mich ziemlich ungern in der Uni auf, zum Essen schon gar nicht. Die Mensa war überfüllt und roch nicht gut, an den Ausgabeschaltern standen lange Schlangen. Wir legten Vorräte von Studentenfutter an und leisteten uns gelegentlich den Mittagstisch in der »Schildkröte«, einem privat geführten Restaurant mit »Bürgerlicher Küche« in Uni-Nähe. Kartoffelsuppe, Kohlrouladen, Frische Blut- und Leberwurst, Schlachteplatte – die Preise waren so niedrig wie meine Ansprüche: Preisstufe II.

Für das Besondere gab es die Möwe, den Club der Film-

und Bühnenschaffenden. Dort konnte man sich, falls man sich ein Mitgliedsbuch organisiert hatte, vom Aufbau des Sozialismus erholen. Die Möwe residierte im ehemaligen Palais des Fürsten von Bülow. Die Russen hatten das noble Haus gleich nach Kriegsende unter dem Namen »Tschaika« – Möwe – für hungrige deutsche Künstler eröffnet, sie sollten essen, trinken, große Werke schaffen. Die Möwe gehörte zu jenen bürgerlichen Resten, nach denen ich meine ganze Proletkult-Existenz lang gefahndet habe, goldene Klinken, Stuckdecken, gestärkte Servietten. Der Club verfügte über mehrere Restaurantsäle mit schweren, dunklen Möbeln, einer war holzgetäfelt. Aus großen Erkerfenstern blickte man auf die schnurgerade Marienstraße. Durch das Toilettenfenster im ersten Stock war die S-Bahn zu sehen, die vom Bahnhof Friedrichstraße in den Westen fuhr, alle zehn Minuten.

Die Bar war halbrund vor einen Kamin gesetzt. Als Beleuchtungskörper hatte ein Künstler Jazztrompeten und Posaunen hingehängt. Bis morgens um vier wurden Drinks zu subventionierten Preisen gemixt, Gin-Fizz, Bloody Mary, Martini. In der Grillstube konnte man mächtige Teller mit Rumpsteaks, Schweinemedaillons und Kebabscheta bestellen, ungeheure Fleische, ein Sündenbabel der Völlerei, Westgäste waren anzumelden. Die Möwe in ihrer elitären Eleganz war bemerkenswert in einer Gesellschaft, die die Masse favorisierte; aber auch logisch. Die Gewerkschaft Kunst hatte für ihre Mitglieder in der Möwe eine Enklave geschaffen, für die Stars im Rampenlicht wie für die Beleuchter, für die Diven aus den Opernhäusern wie für ihre Ankleiderinnen. Verglichen mit dem Standard der zu dieser Zeit üblichen HO-Gaststätten ist die Möwe ein Luxus-Etablissement gewesen.

Eines Abends tauchten die ersten Pommes frites auf, man durfte sie an der Bar essen. Ein Ereignis. Das Kauen der krossen Kartoffeln war begleitet von Sehnsuchtsnamen:

Juliette Gréco, Françoise Sagan, Sartre, Montand, man aß und dachte an die Welt. Wir hatten jetzt Pommes frites, wir waren beinahe in Paris. Nach ein paar Wochen weigerte sich die Küche, die neue Beilage weiterhin an die Bar zu liefern, sie wurde nur noch zum Grillteller gereicht; wir sollten gefälligst Fleisch essen, wenn wir Pommes frites wollten; Völlerei war Usus, Fleischlücke hin, Fleischlücke her.

Das deutsche Sattelschwein, das einhundert Kilo als Fleischschwein und hundertvierzig Kilo als Dauerwarenschwein wog, hatte sich in der DDR durchgesetzt, es war »frohwüchsig und fruchtbar«. Es schmeckte uns, auch wenn seine edleren Teile in den Westen exportiert wurden. Damit das Borstenvieh weiterhin frohwüchsig und fruchtbar blieb, trennten wir die Gemüseabfälle vom sonstigen Müll und sammelten sie in der »Specki-Tonne«, Futter für das deutsche Sattelschwein. Auch ein Viertel des staatlich gestützten Brotes landete bei Specki.

Spät in der Nacht kam mal ein französischer Freund in die Möwe, ein am Brecht-Theater beschäftigter Rothschild-Erbe. »Ich habe ein Geschenk für dich«, sagte er mit leuchtenden Augen und diesem berühmten, charmanten französischen Akzent, den wir DDR-Frauen so liebten: »Iesch abe ein Gescheng füür diech. Soll iesch es olen?« Der Rothschild-Erbe ging zu seinem Citroën und kehrte mit dem Geschenk zurück. »Une orange«, sagte er und legte eine Apfelsine vor mich auf den Tisch, nicht mehr und nicht weniger als eine Apfelsine. Das Geschenk eines Rothschild-Erben an eine DDR-Frau – une orange.

Irgendwann verfügten wir über einen Toaster, der mit einer Art Minigrill kombiniert war. Eine Scheibe Toastbrot, eine Scheibe Schinken, eine Scheibe Gouda-Käse auf die Schiebepfanne des Apparats gelegt, eine halbe Scheibe Ananas obendrauf, und man hatte einen Toast Hawaii, auch wenn die Ananas meistens fehlte. Die Büchse Ananas kostete im Delikatladen vierzehn Mark, im Intershop hätte ich sie für eine Mark fünfzig bekommen, doch Westgeld war rar. Wenn Besuch kam, umrollte ich Wiener Würstchen mit Schinken und Käse und legte sie in den Grill-Toast-Kombi. In der Regel aber waren es simple Käse-Salami-Brote, die ich unseren Gästen, mit Petersilie garniert, auf einer schweren Silberplatte mit geschwungenem Rand vorsetzte. Die Platte war das bemerkenswerte, nicht die Brote, wir spielten mit diesem Zitat feiner Tischsitten bürgerliche Gesellschaft.

Die Platte stammt aus dem renommierten Leipziger »Hotel International«, das zu jener Zeit über eine beheizte Veranda verfügte, es sah aus wie auf dem Kurfürstendamm, und das mitten in Leipzig. Eine wohlbestallte, auf Bürgerlichkeit beharrende Familie hatte in dem traditionsreichen alten Hotel öfter mal eine Kalte Platte bestellt, als Imbiß zur Pommerschen Kanne aus Rotwein mit Sekt. Auf der Platte hatte der Hotelservice Putenfleisch, Roastbeef mit Remoulade und Waldorfsalat arrangiert. Bei unseren Leipziger Bekannten waren in der Küche fünf oder sechs dieser großen, schweren Silberplatten gestapelt, ihre Herkunft zeugte von der märchenhaften Gleichgültigkeit der HO. Das Silber war gebracht und nie wieder abgeholt worden, der HO sind die schönen silbernen Platten egal gewesen, Schnee von gestern, hin ist hin, weshalb sich unnötige Wege machen wegen einer alten Silberplatte, oder sechs alten Silberplatten, oder dreißig alten Silberplatten, weg mit dem alten Zeug; schließlich waren in diesem Land ganze Schlösser abgerissen worden. Eine der schönen Platten haben wir bei einem Besuch bei den Leipziger Bekannten ausgeliehen, sie haben sich nie danach erkundigt, sie hatten ja noch vier oder fünf, oder sechs sogar, falls sie wieder mal ein Kaltes Buffet im International bestellt hatten.

Wenn wir keine Gäste hatten, aßen wir Hackfleisch. In der Küche, nicht im Wohnzimmer, das wäre uns zu umständlich gewesen. Hackfleisch gab es, wie Jagdwurst und

Schweinekamm, immer und überall. Man kaufte es beim Fleischer nicht als Hackfleisch, sondern halb und halb, ein halbes Pfund Hackepeter, ein halbes Pfund Schabefleisch. Es wurde zu einer Masse zusammengeknetet und unter Zugabe von eingeweichten Brötchen zu Buletten und Königsberger Klopsen verarbeitet. Oder als Tatar zubereitet, mit Zwiebeln, Kapern, Anchovis und Worcester-Sauce roh gegessen, das traute man sich damals noch, Lebensmittelskandale gab es nur wenige. Daß ich aus dem Hackfleisch auch Bananen-Hackbraten, Hackfleisch-Kroketten, Hackfleischpastete, Hackfleischrolle, Hackfleisch-Gemüse-Auflauf, Hackbraten im Teig oder Hackfleisch-Pie hätte machen können, wie es die Kochbücher rieten, kam mir nicht in den Sinn. Wir kochten das Naheliegende, das Einfache – den Standard. Hauptsache, es ging schnell und machte satt. Bloß keinen Aufwand!

Wir aßen Schmalzfleisch aus goldenen Büchsen. Es war vermutlich höchst ungesund und ließ sich auch als Fett für Eintöpfe verwenden. Manchmal hatten die beliebten Büchsen keine Banderolen, in diesem Fall kamen sie aus der Reserve der Nationalen Volksarmee und waren kurz vor Ablauf der Haltbarkeitsdauer in die Geschäfte gebracht worden, wo sie zu Gold-Pyramiden gestapelt wurden, ein unverhofftes Angebot. Das hat mir Herr T. erzählt, ein Filmmensch aus berühmter Familie. Beim Schnapstrinken mit Nachbarn hatte er den »Schmalzfleisch-Minister« kennengelernt, den Minister für Staatsreserve, einen Bruder von Willi Stoph. Man trank Wodka und plauderte über Intimes aus dem Innenleben unserer volkseigenen Wirtschaft, also auch über Schmalzfleisch. Schmalzfleisch war wie Ragout fin, Buletten und Toast Hawaii eine der Konstanten unserer Ernährung. Schmalzfleisch schmeckte jedem. Auch dem Hund im Dorf Hellberge bei Gransee, wo wir, was Mode war, für wenig Geld ein Bauernhaus gekauft hatten. Auf der wilden Wiese hatte ich den Frühstückstisch gedeckt, in der Mitte die im Morgenlicht golden glänzende Büchse Schmalzfleisch. Da kam der Hund, legte seine Vorderpfoten auf den Tisch und fraß in aller Ruhe das würzige Fett. Frühstück ade, Schmalzfleisch war außerhalb von Berlin nicht so schnell zu ersetzen. »Du mußtest ja unbedingt draußen frühstücken«, maulte die Familie.

Aal oder nichts

»Mein Gott, was haben wir gegessen in den Sechzigern, Soljanka natürlich«, sagt Frau R. »die habe ich zu Hause nachgekocht, ich kannte sie aus den Stolowajas, ich hatte öfter in Moskau zu tun. Soljanka aus Resten vom Sonntagsbraten, aus Knackwurstscheiben, Brühe, Zwiebeln, sauren Gurken und Pilzen, die ich aus dem polnischen Hortex-Laden besorgt hatte; Soljanka war mal was anderes, interessanter als immer nur Kartoffelsuppe.« Rindfleischsalat habe sie zum Abendbrot gerne gemacht, mit Paprika und Tomatenketchup, der sah rotbraun aus und mußte ganz kalt sein. »Und Kaßlerkotelett«, sagt Frau R., mitgerissen vom Rausch der Erinnerung, »Kaßlerkotelett aus dem Ofen! Das Fleisch hat wunderschön ausgesehen, in der Mitte ein Herz aus Magerem, außen zarte Fettadern, das Fett bringt doch erst den Geschmack.«

Es seien andere Schweine gewesen damals, davon ist sie überzeugt, die Schweine von damals hätten noch nicht so viele Wassereinlagerungen gehabt, heute komme das Fleisch so ausgetrocknet aus dem Ofen. »Wissen Sie noch, wie die Fleischläden gerochen haben, der kühle Duft nach Geräuchertem?« – sie zieht Luft durch die Nase, als wäre der Duft heraufzubeschwören. Neulich sei sie in einer Fleischerei in Polen gewesen, in Słubice, da würde es immer noch so riechen; sie habe Wurst mitgenommen, obwohl sie keine brauchte, sie habe den Geruch gekauft. Ist das nun

Ostalgie, wenn man sich nur noch an den Duft erinnert und nicht mehr an die Schlangen, die freitags vor den Fleischläden standen?

Ich sitze mit Frau R. in einem dieser großen Cafés unter den S-Bahn-Bögen am Hackeschen Markt in Berlin. »Ein Ciabatta mit Parmaschinken bitte!« Ich habe vergessen, zu sagen, daß sie mir keinen Salat drauftun sollen. Nun muß ich fertig werden mit den nassen Salatblättern und der nassen Tomate, die, vereint in ihrer schlechten Absicht, in den Schinken sickern und seinen Geschmack verwässern. Er ist trotz des Salatbads trocken und viel zu salzig. »Man sollte so was nur beim Italiener essen«, höre ich mich mäkeln. Als hätte ich schon immer die Wahl gehabt zwischen den Küchen dieser Welt.

Die DDR habe viel Schweineschinken exportiert, sagt Frau R., »der kam dann als italienischer Parmaschinken zurück, aber nur in die Delikatläden«. Am Wochenende haben sie und ihr Mann manchmal ein Sektfrühstück veranstaltet auf der schwarzen Doppelliege, die sie sich hatten bauen lassen, Rotkäppchen halbtrocken und gebratene Schweinefilets auf frischen Brötchen, das Filet hob ihr der Fleischer von nebenan auf, manchmal. »Natürlich war das eher selten«, sagt Frau R., »wir haben ja beide studiert, so billig war Schweinefilet nun auch wieder nicht.« Für die Liege hatten sie einen Kredit aufgenommen. Der sei nur gewährt worden, wenn nicht die Mangelware Schaumstoff verwendet wurde, erinnert sich Frau R., der Polsterer hat dennoch Schaumstoff-Anteile eingearbeitet.

»Fettheringe haben wir gegessen«, sagt Frau R. entschlossen. »Kopf ab, Schwanz ab, Bauch aufschlitzen. Rogen oder Milch rausnehmen, die Milch kann man später unter die Tunke rühren.« Für das Wort Tunke entschuldigt sie sich, sie käme aus der Lausitz. Ich kann sie beruhigen, das Wort Tunke wird in sämtlichen Kochrezepten, auf sämtlichen Speisekarten verwendet, bis in die Achtziger war die Sauce eine Tunke. Wenn Frau R. vom Kochen spricht, wird ihr zarter Teint rosig. »Die Salzheringe wurden in mehrere Lagen Zeitungspapier gewickelt, trotzdem kam das Fett durch«, erinnert sie sich. »Man mußte die Heringe vierundzwanzig Stunden wässern, das Salz ausschwemmen. Die Fische kamen in immer wieder neues Wasser, das hat Arbeit gemacht. Danach wurden sie entgrätet, notfalls mit der Pinzette, mein Mann ist da sehr empfindlich gewesen.« Wer genau gewesen sei in solchen Dingen, kochte einen schwachen Essigsud, in den die Heringe eine Stunde eingetunkt wurden, das Fleisch sei fester geworden, die Gräten weicher. Dazu eine Marinade nach Hausfrauenart, mit saurer Sahne oder Immergut, Zwiebeln, Gewürzen, Gurken und Äpfeln. Neuerdings gäbe es wieder so große Büchsen mit Heringen, wo draufsteht: »24 Stunden wässern«, sagt Frau R. beinahe glücklich.

»Meine Damen und Herren«, begann der legendäre Fischkoch Rudolf Kroboth eine seiner Fernsehsendungen, »guter Kundendienst von Fischverkaufsstellen übt auf mich eine wohltuende Wirkung aus.« In einer HO-Verkaufsstelle in Penzlin bei Waren hatte der Fischverehrer das Schild entdeckt: »Salzheringe – gewässert – entgrätet – enthäutet!« Ein unglaublicher Service! Gewässert! Entgrätet! Enthäutet! So was mußte öffentlich belobigt werden. Der Mann mit der hohen Kochmütze empfing den Verkaufstellenleiter der berühmten Fischfiliale in seiner berühmten Fernsehküche: »Herr Döring, was hat Sie bewogen, die Salzheringe für Ihre Kunden küchenfertig vorzubereiten?« In der Karnevalszeit, antwortete treuherzig Fischverkaufsstellenleiter Döring, schätze man Heringe als gesunde Hausmannskost. »Gewässerte Salzheringe sparen unseren Kunden viel Arbeitszeit. Wir verkaufen seitdem zehnmal soviel Salzheringe.« Zur Belohnung schenkte der Fischkoch dem Herrn Döring abwaschbare Preisschilder für seinen Laden und lud ihn und sein Kollektiv auf ein Wochenende nach Rostock ein. Er stellte in Aussicht, den

Fischverkäufern das Fischkombinat, den Fischereihafen und die Fangschiffe zu zeigen. Er versprach ihnen einen Bummel durch Warnemünde, eine Hafenrundfahrt und ein Fischessen im »Gastmahl des Meeres« in Rostock. »Gastmahl des Meeres« hießen die neuen Restaurants für Fischspezialitäten, die außer in Rostock auch in Berlin, Leipzig, Magdeburg, Erfurt, Jena und Dresden eröffnet worden waren. Möglich, daß die Ausgezeichneten, tagein tagaus mit Schuppen, Flossen und Gräten befaßt, lieber einen schönen Grillteller gehabt hätten an ihrem Ehrentag. Aber darauf wäre der Fischkoch gar nicht gekommen.

Der Mann mit dem schwarzen Schnauzbart und der dunkel umrandeten Brille, der die drei S der Fischküche »Säubern, säuern, salzen!« unters Fischvolk gebracht und zwölf Jahre lang um den Fisch auf jedem Tisch gekämpft hatte, war ein besessener Fischesser, nur wer selber brennt, kann andere zum Glühen bringen. Der Fischkoch brannte. Mit einer seiner ersten Sendungen soll er erreicht haben, daß die sowjetische Konserve »Strömling in Tomate«, ein Ladenhüter, vorübergehend zur Mangelware wurde, am Tag nach der Sendung war sie ausverkauft. »Wegen dem Žhivkov sind heute sämtliche Straßen abgesperrt gewesen«, sagte einer, als der bulgarische Staatsgast Todor Žhivkov erwartet wurde. »Was?« wunderte sich der andere, »wegen dem Fischkoch sind alle Straßen abgesperrt?«

Es gab in diesen Jahren große Fischgeschäfte mit Mengen von Heringen, Rotbarsch, Seelachs, Dorsch und Flundern. Mit Walfleisch, Hornfisch und allerlei exotischen Atlantikfischen. Mit Häckerle, Lachsschnitzel und Bücklingen. Überall klebten Plakate mit dem Bild eines gutmütigen Herings, der eine Eisstange unter den Flossen trug: »Zweimal in der Woche Fisch hält gesund, macht schlank und frisch.« Der VVB Hochseefischerei war eines der modernsten Fang- und Verarbeitungsunternehmen der Welt. Es ging voran.

Anfang der Siebziger war er schon wieder aus, der Traum vom Fisch als preiswerter, gesunder Alternative zum Fleisch. Der Laichbestand des Herings in den Fanggebieten vor Island war durch allzu effektive Fangmethoden größtenteils vernichtet worden, der Fang wurde aufwendiger und teurer. Zudem reichten die Kühl- und Transportkapazitäten nicht. »Wir haben gefangen und mußten zusehen, wie der Fisch vergammelte, der frische Fischfang wurde nicht abgeholt, die HO schickte keine Lastwagen«, erzählte ein alter Fischer in Warnemünde, »wir haben gefangen, an uns lag es nicht.«

Hering und Kabeljau verschwanden allmählich aus den Fischläden, allein die Makrele machte sich breit. Noch gab der Fischkoch nicht auf. »Die Pute des Meeres ist die Makrele«, schwärmte er, sie ersetze geräuchert vorzüglich den Aal: »Gutes Gelingen und viel Gaumenfreude!« Die DDR-Esser aber wollten keine Makrelen, sie wollten Aal. Aal oder nichts. Fast vollzählig kehrten sie zurück zur Kaßlerrolle, von der sie sich trotz der Überredungskünste des geschätzten Fischverführers nie verabschiedet hatten.

Für die nette Bedienung

Frau N. machte gern Sauerbraten. Jeden dritten Sonntag brachte sie marinierten Sauerbraten mit Klößen auf den Tisch ihrer großen Familie, in der Pilzzeit mit selbst gesammelten Steinpilzen. Dafür kaufte sie bei dem Privatfleischer in ihrer Straße drei Kilo Rindfleisch. Donnerstagabend gab sie einen Zettel mit ihren Wünschen ab, Freitagnachmittag reihte sie sich nicht in die Schlange vor dem Laden ein, sie ging nach vorn und holte ein geschlossenes Paket ab, auf dem ein Preis stand, den sie nicht kontrollierte. Sie wußte, daß außer den bestellten drei Kilo Rindfleisch und den anderthalb Pfund Wurst immer noch was Besonderes in dem

Paket war, das zu Hause mit Spannung geöffnet wurde. Ein Stück Schweinefilet nature oder geräuchert kam zum Vorschein, ein halbes Pfund Lachsschinken, ein paar Scheiben Rumpsteak, daraus konnte sie zum Frühstück was Kurzgebratenes machen. Ihr Mann liebte es, an den neuerdings arbeitsfreien Sonnabenden deftig zu frühstücken, heute würde man es Brunch nennen. Frau N. zeigte sich für das Fleischpaket mit einem Stück Lux-Seife oder einer Tüte Westkaffee erkenntlich, ein kleines Dankeschön, das sie über die Ladentheke reichte: »Für die nette Bedienung.« Zusätzlich rundete sie die zu zahlende Summe großzügig auf, nächsten Freitag würde sie ihr Fleischpaket wie gewohnt vorfinden.

Frau N. lacht vergnügt, während sie bei einem Mai Tai in der Cocktailbar an alte Zeiten denkt. »Hackfleisch Arabisch«, sagt sie, »da muß ich an meinen ersten Mann denken, der sprach ein paar Brocken Arabisch.« Mit dem Geruch und Geschmack von Hackfleisch Arabisch stehe der ganze Mann wieder vor ihr. Butter in die Pfanne, Tomatenmark, viel Curry, Chili, Salz und eine halbe Zitrone. In die schon warme Masse wird das Fleisch gebröselt und pikant abgeschmeckt. »Pikant, ja, lachen Sie nicht, pikant! Ich weiß gar nicht mehr, was ich lieber mochte, Sauerbraten oder Hackfleisch Arabisch, ich glaube doch, Sauerbraten.«

Sauerbraten

Das Rindfleisch von den Knochen lösen, mit Gewürz, Sellerie und Möhre in einen nicht zu großen Topf legen, mit kräftigem Essigwasser übergießen, bis es bedeckt ist. Saurer Apfelsaft, Rotwein, Buttermilch oder Bier können auch verwendet werden. Das kühl gestellte Fleisch mehrmals wenden, nach 2 bis 3 Tagen aus der Flüssigkeit nehmen und abtrocknen. In dem erhitzten Fett Fleisch,

Speckscheiben und Brotrinden, auch einige Pilze oder etwas Wurzelwerk anbraten. Salz und ein wenig von der aufgekochten und verdünnten Beize zugießen. Wenn die Flüssigkeit verschmort ist, wieder etwas zufügen. Dies zwei- bis dreimal wiederholen. Im fest verschlossenen Topf gar schmoren. Ist die Soße nicht sämig genug, dann mit etwas Speiselebkuchen oder Mehl dicken, mit Salz und Zucker oder auch Sirup oder Gelee abschmecken.

Die Sauerbratenköchin N. wäre eine Kundin ganz nach dem Geschmack der Fleischverkäuferin H. gewesen. Weil Frau N. berufstätig war und großzügig. Weil sie nicht nur Edelfleisch kaufte, sondern auch mal Eisbein oder Sülze. Frau H. ärgerte sich über Kunden, die vormittags einkaufen konnten und nur das Beste mitnahmen. Nur gekochten Schinken. Keine Braunschweiger, keine Fleischwurst, kein Corned beef. Nur Rinderfilet, kein Kniebein oder mal einen Schweineschwanz für den Eintopf. Das empfand die Fleischverkäuferin H. als ungerecht und handelte danach. Für Berufstätige, die ihr sympathisch waren, machte sie Pakete zurecht, deponierte sie unter dem Ladentisch und fand es normal, daß die Kunden zum Dank was in die Kaffeekasse steckten oder mal was Schönes aus dem Westpaket über die Theke reichten: »Für die nette Bedienung.« Sie erinnert sich noch an die Fleischpreise: das Kilo Schweinefleisch elf, das Kilo Rinderfilet zwölf Mark, das Kilo durchwachsener Schweinekamm siebenachtzig. Sie hat sich sonnabends oft eine Kaßlerrolle aus Schweineschulter mitgenommen.

»Wir haben unser Geld verfressen, es gab ja nichts anderes«, sagt Frau H., mit der ich zusammen zur Schule gegangen bin. Die kräftige Frau mit den sanften braunen Augen sitzt in ihrer aufgeräumten kleinen Wohnung, bietet

Konfekt an und zieht Bilanz. Im Verhältnis von Angebot und Bedürfnis habe sich für sie nicht viel geändert. Ihr Leben lang habe sie sich nach dem Angebot gerichtet, das Bedürfnis stand immer an zweiter Stelle. Früher, weil es nicht gab, was man wollte. Heute kauft sie wegen ihres niedrigen Einkommens die Sonderangebote und friert sie als Vorrat ein, wie damals, als sich die Beutelbürger überdimensionale Kühltruhen in die Wohnung stellten.

»Selbstverständlich hatte ich Macht«, sagt Frau H., »ich verfügte über Mangelwaren, die ich nach meinem Gutdünken verteilte, ich konnte Tauschgeschäfte machen: ›Du, Carmen, wir brauchen 'ne Kaffeemaschine, ich heb dir Filet auf.‹ ›Frank, pack mir mal 'n paar Tomaten weg, ich bring dir Lachsschinken vorbei.‹« Warum die Wurst besser schmeckte als heute, frage ich. »Wir hatten nur frische Ware, die war im Nu alle«, erklärt meine alte Schulkameradin den besseren Geschmack der DDR-Wurst, »da sind keine Konservierungsstoffe drin gewesen, da konnte man andere Gewürze ranmachen, ohne Rücksicht auf Haltbarkeit.« Heute müsse sich alles lange halten, das ergebe einen gewissen Einheitsgeschmack.

Der Fleischverbrauch stieg und stieg. Die eindringlichen Mahnungen der Ernährungswissenschaftler vor zu hohem Fett- und Fleischverbrauch wurden in den Wind geschlagen. Immer wieder traten Versorgungsmängel auf, Engpässe, Fleischlücken. Die Angst vor dem Mangel machte Appetit, die Schlangen vor den Fleischerläden wurden länger. Nichts, wie man weiß, fürchtete die Partei mehr als hungrige Mäuler. Einem internen Bericht des Instituts für Marktforschung ist zu entnehmen, daß Diskontinuität im Angebot von Lebensmitteln die sozialistische Bewußseinsbildung und das Vertrauen der Bevölkerung in den Staat. untergrabe. Da Nahrungsmittel mehr als ein Drittel der Ausgaben für Waren ausmachten, seien sie bei breiten Kreisen der Bevölkerung zum ersten Kriterium für die

Bewertung des Lebensstandards geworden. Die Gewährleistung eines niveauvollen kontinuierlichen Angebots sei somit nicht nur eine Versorgungsfrage, sondern ein Politikum ersten Ranges.

Revolutionäre Hühner

Da kam Rettung in Sicht: Fröhlich flatterte der Goldbroiler in die Fleischlücke, der nützlichste Vogel im Land, eine der wenigen Erfolgsgeschichten der Planwirtschaft. »Knusprig, gesund, schmackhaft.« Die östliche Antwort auf den westlichen »Wienerwald«, jene Brathähnchen-Kette, der die Bundesbürger mit Behagen anhingen. Das Huhn im Topf ist von jeher ein Statussymbol des Wohlstands gewesen. Das war schon im Märchen so. Oder bei Max und Moritz, die der Witwe Bolte ihre Hühner aus der Pfanne klauten. Oder im Schlaraffenland, wo den Faulpelzen die gebratenen Tauben ins Maul flogen. In der DDR sollten das die Broiler tun. Walter Ulbricht hatte 1966 eine industriell betriebene Geflügelfarm in Jugoslawien besichtigt und verkündet: »So was bauen wir auch.«

Der Broiler war eine spezielle Züchtung aus verschiedenen Hühnerrassen. Der junge Hahn wog zwischen achthundert und tausend Gramm, seine Mast dauerte sechsundfünfzig Tage, sein zartes Fleisch hatte viel Eiweiß und wenig Fett, ein Nahrungsmittel, so gesund, wie es das Institut für Ernährungswissenschaft in Potsdam-Rehbrücke forderte. Der Broiler aus dem Kombinat Industrielle Mast war das Produkt ehrgeiziger Agraringenieure, die sich über bürokratische Hemmnisse und ideologische Einwände in seltener Rigorosität hinwegzusetzen wußten. Die unsentimentalen KIM-Männer sprachen Klartext: »Der Weg zu einer ausreichenden Versorgung mit Produkten der Geflügelwirtschaft führt nicht mehr über den traditionellen, mehr oder weniger idyllischen Hühnerhof, sondern, wie überall in der Wirtschaft, über die industriemäßige Großproduktion.«

Für die Entwicklung des Paradiesvogels wurden Sondervollmachten erteilt und Devisen zur Verfügung gestellt. Die Technik kam aus dem westlichen Ausland: japanische Kükensortierer, Grillgeräte und anderes Zubehör. Das appetitlich goldige Huhn war die Inkarnation des Fortschrittsglaubens. Es symbolisierte die wissenschaftlich-technische Revolution, den »Welthöchststand« in der Tierproduktion, es nahm das Wohlleben der sozialistischen Zukunft vorweg. »KIM – Köstlich Immer Marktfrisch«. Der Broiler sang das Hohelied der Planwirtschaft – wenn die Hühner in den Aufzuchtanlagen sangen, ging es ihnen gut, hatten die Züchter rausgefunden. Unter einem Plakat mit niedlich kuschelndem Federvieh, das sich bei der industriellen Mast sauwohl fühlt, steht die Losung: »Saufen, Fressen, Faulenzen – und (trotzdem) den Plan erfüllen«. Eine Devise ganz nach unserem Geschmack – die DDR ein Hühnerhof mit erfolgreicher Massenmast.

Das Huhn im Topf für jedermann sollte die Fleischlücke ein für allemal schließen, die Herrschaft der Partei ein für allemal absichern. Zu Ehren des 50. Jahrestages der Großen Sozialistischen Oktoberrevolution und unter direkter Obhut der SED wurden am 7. November 1967 die ersten drei »Broiler-Bars« in Berlin eröffnet. In Anwesenheit von Mitgliedern des Politbüros kredenzten schmucke Serviererinnen im Pepitadirndl die goldbraunen Brummer. Die Vierhundertgrammportion mit Pommes frites und Letscho kostete vierfünfzig, was wieder mal zuwenig war, um die Herstellungskosten decken zu können. Das pralle junge Hähnchen traf den Geschmacksnerv der sozialistischen Menschengemeinschaft, im Sturm eroberte es die vom Schweinebraten verfetteten Herzen. In Erfurt, Weimar und Rostock wurden die nächsten Broiler-Bars eröffnet.

Wie immer wurde das Selbstverständliche als Ereignis gefeiert. Die Presse jubelte, die Leute strömten in die Broiler-Bars, als sei da wieder mal eins von sieben Weltwundern zu betrachten, und zwar endlich mal eins, das richtig gut schmeckte. Eine neue Art Schnellrestaurant war geboren, eine sozialistische Errungenschaft, modern und trotzdem anheimelnd, mit bäuerlichen Bänken und schmiedeeisern eingefaßten Glaslampen, die tief über derben Holztischen mit karierten Tischdecken hingen. Industriell gemästete Tiere, verspeist in vorindustrieller Gemütlichkeit. Von hohen Barstühlen aus hatte man Sicht auf die hochmodernen Grillgeräte, in denen sich die Goldbroiler langsam und lasziv drehten. Ein beinahe erotischer Anblick. Im Vergleich zu den HO-Gaststätten, die oft nur Bockwurst mit Salat, Hackepeter oder schlampige Schnitzel bereithielten, die aus keimigen Küchen griesgrämig an die Tische gebracht wurden, erschienen die appetitlichen Broiler-Bars als Inbegriff von Eßkultur.

Das Angebot war nicht auf Broiler beschränkt, man konnte Geflügelcremesuppe, gebratene Geflügelleber mit Zwiebel- und Apfelringen und Brühreis mit Geflügelfleisch bestellen. Das Aroma der gegrillten Vögel hüllte ganze Straßenabschnitte in eine Wolke von Wohlstand. Die Broiler-Bar des »Hotels Neptun« in Warnemünde schickte den Schlaraffenlandduft bis runter zum Ostseestrand. Das ist heute noch so, das Lokal ist geblieben, wie es war, und bestens besucht.

Ein Mann, der dabei war, als der Broiler im »Erfurter Anger« ungeahnte Triumphe feierte, hat sich den Namen Goldbroiler für zehn Jahre patentrechtlich schützen lassen. Er serviert den Goldbroiler, gewürzt wie damals, auf dem Geschirr von damals, in einer Goldbroiler-Bar wie damals. Auf die richtige Art, den Broiler zu stecken, käme es an, sagt der Goldbroilernamen-Inhaber: Die Schenkel werden über Kreuz durch die vorher eingeschnittenen Hauttaschen geschoben, so bringt man den Broiler in Form.

Die neue Züchtung wurde auch im Außer-Haus-Verkauf angeboten und dem Kunden als halbe oder ganze Portion in der eben erfundenen Silberfolie überreicht, die bei »Leichtmetall Rackwitz« hergestellt wurde und den Hahn schön warm hielt. In den Kaufhallen gab es die Haute-couture-Hühner auch gefroren, nackt und roh, zu Hause konnte man sie anziehen. Die Kochbücher empfahlen Broilerbrust im Silbermantel, Hähnchen im Blätterteig, Broiler in Alufolie, Apfelhähnchen im Mantel. Und damit der Broiler wirklich nimmermehr fror:

Flambiertes Hähnchen nach irischer Art

Das Hähnchen mit Salz, Pfeffer und Öl einreiben. Etwa 35 Minuten grillen oder 1 Stunde in der Form braten. Das fertige Hähnchen in 8 Teile zerlegen und die großen Knochen entfernen. Die Butter in einer feuerfesten Pfanne zerlassen. Die Hähnchenteile hineinlegen, im Fett wenden, den leicht erwärmten Whisky darübergießen und anzünden. In einem Töpfchen Tomatenketchup mit Kondensmilch verrühren und zum Fleisch in die Flambierpfanne gießen. Die Soße mit Pfeffer abschmecken. Mit der gehackten Petersilie bestreuen.

Wir konnten gar nicht genug kriegen vom Broiler, was nicht heißt, daß wir deshalb weniger Schweinefleisch aßen. Doch wie üblich drückte der Massenandrang die Qualität. Erst gab es nicht genug Grillgeräte, weil die ja aus dem Westen importiert werden mußten, dann, wegen des chronischen Arbeitskräftemangels, nicht genügend Personal, später stockte der Nachschub aus den KIM-Betrieben. Ganz allmählich reihten sich die zunächst so reinlichen Broiler-Bars in die verbreitete Lotterwirtschaft der HO-Gaststätten ein. Am »Mila-Eck«, eine der ersten Broiler-

Bars in meiner Gegend, konnte ich den langsamen, aber sicheren Verfall konstatieren. Heute hat sich am selben Ort ein glattlederner Gay-Shop etabliert, die Tradition der Paradiesvögel lebt fort.

Die Klassenfeinde Obst und Gemüse

Obst und Gemüse sabotierten den Aufbau des Sozialismus, wo sie konnten. Nur der Rotkohl legte Parteilichkeit an den Tag. Der Weißkohl war ein zuverlässiger Mitläufer. Blumenkohl und Mohrrübe schwankten. Die Äpfel als ausgemachte Opportunisten sind immer zur Stelle gewesen, allen anderen zuvor der Gelbe Köstliche. Tomaten, Gurken und Spargel glänzten durch Abwesenheit. Erdbeeren, Kirschen und Pfirsiche wollten was Besseres sein und ließen sich nur zwei-, dreimal pro Saison blicken. Die Leute standen auf dem Balkon und sahen von oben, wenn ein Lieferwagen kam, sie rannten runter und kauften ganze Stiegen. Der Ruf »Im Konsum gibt's Knupperkirschen« schreckte die Büros auf wie Feueralarm, die Kollegen stürzten ins Freie, hin zu den Kirschen aus Werder. Apfelsinen und Mandarinen hatten ihren Solo-Auftritt zu Weihnachten, ihr Erscheinen war so imponderabel wie berechenbar, sie kosteten Devisen. Von der krummen Banane ganz zu schweigen.

Manchmal gab es Pilze. Ich ging davon aus, daß sie nicht giftig waren. Gut, daß ich von folgendem Vorfall, den die »Wirtschaftsvereinigung Obst, Gemüse, Speisekartoffeln« dokumentiert hat, damals nichts wußte: »Beim Verzehr von Pilzen kam es bei einigen Bürgern zu leichten Pilzvergiftungen. Dazu konnte unter anderem berichtet werden, daß vor Auslieferung der Pilze an den Einzelhandel eine stichprobenweise Überprüfung durch Gutachter erfolgte. Es mußte jedoch festgestellt werden, daß bei stärkerem Aufkommen die Anzahl der Pilzkundigen nicht ausreicht, um eine maximale Überprüfung durchzuführen.« Wie man sieht, konnte der Personalmangel lebensgefährliche Formen annehmen.

Das Gemüse führte in den dafür bestimmten Geschäften ein klägliches Dasein, müde und ungewaschen, matt und unsortiert hing es in schmutzigen Holzkisten herum, A- und B-Ware gleichermaßen derangiert. Überlagert welkte, stank und faulte es vor sich hin, ein ewig gestriges Element in unserem zukunftsfrohen Land. Die Verkäuferinnen verhielten sich gänzlich uninteressiert am Zustand ihrer Ware, sie schienen mitzuwelken, so blaß und lasch sahen sie aus. Wenn ein verzweifelter Kunde mit einer der trostlosen Kisten nach der Verkäuferin warf, wunderte sie sich über gar nichts mehr. Sie war die letzte, die schuld war am Dilemma, sollte sie die Dahingeschiedenen noch mit kaltem Wasser bespritzen und nett hinlegen?

Obst und Gemüse wurden in den Siebzigern auch aus den Bruderländern Bulgarien, Albanien und Rumänien importiert: Tomaten, Melonen, Weintrauben und Pfirsiche, riesige Ladungen, die, so der Verdacht, schon halb vergammelt in die ungekühlten Waggons geladen worden waren und vollends verdorben ankamen. Fruchtimpex-Gutachter wurden zu den Verladestationen geschickt und wiesen regelmäßig ein Drittel der Ware zurück. Auch das half nichts, die Brüder lieferten faules Zeug.

Ach, es ging ja weiter, und es hörte nicht auf. Nicht nur die Sechziger und Siebziger mußten sich den Mangel an Obst und Gemüse gefallen lassen, auch die Achtziger. Im Bezirk Potsdam verschwanden 265 Tonnen Pflaumen wegen fehlender LKWs in der Tierfütterung. Laut Informationen des Ministeriums für Handel und Versorgung über »eine Kontrolle auf dem Umschlagsbetrieb des VEB Obst, Gemüse, Speisekartoffeln« vom August 1985 wurde beobachtet, daß »der Umschlag des Warenzulaufes an importierten Pfirsichen und Melonen unzureichend bewältigt« wird. Das heißt nichts anderes, als daß genügend Pfirsiche und Melonen da waren, die jedoch nicht in die Läden gelangten, sondern auf dem Wriezener Bahnhof rumstanden und verfaulten. Von den siebzehn Waggons voller Pfirsiche aus Griechenland, heißt es in der Information, seien nur drei entladen worden. Bei den zwei Waggons Grapefruits war die Entladung wegen Frühstück unterbrochen worden. Auf der hintersten Ladestraße, so der Beobachter, hätten seit Tagen verschiedene Sorten Konserven, Säfte und Moste in der prallen Sonne gestanden. An anderen Stellen des Geländes hätten sich Haufen zerbrochener Paletten, Kisten und Stiegen und Berge von Stroh befunden. Zwischen Ladestraße und Gleisbett hätten Mengen von heruntergefallenen Pfirsichen, Tomaten und Melonen gelegen. Diesem Dokument des Jammers, das mir im Landesarchiv in die Hände fiel, liegt das Farbfoto eines »Totalverlusts« bei. Zerplatzte Melonen, deren rotes Fruchtfleisch wie aus frischen Wunden quillt.

Manch eine Melone hat es dennoch bis zum Verbraucher geschafft. Als wir einmal mit unseren beiden Töchtern aus den Ferien zurückkamen, lag auf dem Küchentisch eine Melone – eine Willkommensüberraschung meiner Mutter. Ich schnitt sie in Stücke, das sechsjährige Kind blieb in der Küche, während wir die Koffer auspackten. Nach zehn Minuten kehrte ich zurück: »Na, hat die Melone geschmeckt?« – »Ja«, strahlte das Kind, »aber nur das Rote, das Grüne nicht!« Die Kleine hatte auch die Schale gegessen, wir rannten zum Kinderarzt. »Nicht so schlimm«, meinte er und verschrieb Kohletabletten. Der Auftritt einer Melone in einer DDR-Küche im August 1985. »Gemüse und Sozialismus sind ein antagonistischer Widerspruch«, philosophierte man in Intellektuellenkreisen.

Die Paprikaschote sollte es richten. Der glänzend sauberen, robusten Frucht vom Balkan würde es gelingen, die

Vitaminlücke zu schließen. Der unermüdliche Fischkoch, nicht nur in Sachen Meeresgetier ein kompetenter Mann, unternahm bereits 1964 eine »Reise in kulinarisches Neuland«. Der Gesundheitswert des Gemüsepaprika sei sehr groß, erklärte er in seiner Fernsehküche. Von allen Gemüsearten habe die Paprikafrucht den höchsten Vitamin-C-Gehalt, keine Obstart hielte den Vergleich mit ihr aus. Paprikafrüchte hätten vier- bis fünfmal soviel Vitamin C wie die Zitrone, mit einer großen oder zwei kleinen Paprikafrüchten könne ein Erwachsener seinen täglichen Vitamin-C-Bedarf decken. Tout de suite präsentierte er ein Rezept, das zwei Fliegen mit einer Klappe schlagen sollte, einerseits den berühmten Eierberg abbauen, andererseits dem Paprika zum Durchbruch verhelfen:

Paprika-Eier auf römische Art

Von gewaschenen großen Paprikafrüchten ein deckelartiges Stück abschneiden. Das Kerngehäuse entfernen. In jede Paprikafrucht eine halbe Tomate, eine geputzte Anchovis und ein verlorenes Ei geben. Die gefüllten Paprikaschoten dicht nebeneinander in eine passende Form stellen. In der Form befindet sich Speiseöl. Damit werden die gefüllten Paprikafrüchte im gut vorgeheizten Ofen gedünstet. Nach fünfzehn Minuten kann das Gericht serviert werden. Die Früchte werden auf Röstbrot oder frischem Brot angerichtet und eventuell mit Reibkäse bestreut.

Aus dem Norden, von der Insel Rügen, kam der Sanddornsaft, ein Ölweidengewächs mit gelbroten Früchten, das in Küstengebieten gedeiht und siebzehnmal mehr Vitamin C enthalten soll als die Südfrucht. Doch man glaubte ihm nicht, dem Sanddornsaft, außerdem schmeckte er zu eigenwillig. Das Gute lag zu nah. Auch der Sauerkohl, das aus

Weißkohl gestampfte Vitamin-Wunder, stets präsent, gut gegen Verstopfung, erfuhr nicht die Beachtung, die ihm zugestanden hätte. Das selbstverständlich Vorhandene ist uns nicht viel wert gewesen. Was wir nicht erjagen mußten, weckte unsere Begierde nicht, nur der Mangel machte uns Appetit. Gegen die Kuba-Orange hatten wir Vorbehalte, ihre Schale war trocken, fleckig und grün, so sah doch keine West-Apfelsine aus! Die beigelegte Information, daß die Kuba-Orange trotz ihrer unscheinbaren Schale »saftig, aromatisch und vitaminreich« sei, überzeugte keinen, wir wollten Navel-Orangen. Auch die Babybanane hatte keine Chance, wir sehnten uns nach der großen Chiquita.

Neulich hat eine Freundin Sanddornlikör »Rügener Art« aus dem Urlaub mitgebracht, in einem Fläschchen mit blaukariertem Deckchen um den Verschluß. »Ein Produkt aus Mecklenburg-Vorpommern« steht selbstbewußt auf dem Etikett. Während ich schreibe, trinke ich ein Glas davon. Es ist ein anderer Geschmack als der des Sanddornsafts von ehedem, der Alkohol veredelt ihn. Oder die dahingegangene Zeit.

Innige Gelage

Das Land trank Schnaps. Aus Lust, aus Frust, aus Spaß und Gewohnheit. Vom Trinkbranntwein für Bergarbeiter, Kumpeltod geheißen, über Wodka Kristall, den »Blauen Würger«, über Kali, Pfeffi, Wurzelpeter, Schierker Feuerstein, Boonekamp und Timms Sauren, über Havanna-Rum, Ratsherren-Korn, sowjetischen Wodka und feinen Falckner-Whisky bis zum Goldwasserschnaps mit echtem Blattgold – Alkohol gehörte zum täglichen Leben. Harte Schnäpse für harte Männer und weiche Frauen. »Wir küssen uns, was das Zeug hält, stärken uns nach einigen Minuten mit dem letzten Schluck Wodka, dann weiter«, schrieb

Jurek Becker in »Irreführung der Behörden«. Die Schnapsregale bei HO und Konsum waren wohlgefüllt, hier kamen Engpässe und Versorgungslücken selten vor. Schnaps war leicht herzustellen, brachte Steuergelder und schöpfte Kaufkraft ab. »Wann wird die Auswahl an Obst- und Gemüseprodukten der Auswahl und Vielfältigkeit an alkoholischen Getränken angepaßt?« fragte eine zornige Hausfrau in ihrer Eingabe an das Ministerium für Handel und Versorgung.

»Erstürmt die Höhen der Kultur!« – der Spirituosenverbrauch erstürmte die Weltspitze der Statistik und torkelte in die Untiefen des Alkoholismus. In der Endzeit der DDR wurden pro Kopf jährlich 15,5 Liter Schnaps getrunken, im Westen nur 5,8 Liter. Alkoholprobleme wirkten sich zuweilen auf die Arbeitsproduktivität aus, nicht selten tauchten rechtliche Probleme auf. Der Grad der Trunkenheit konnte auch über den Geruchssinn definiert werden. Die sogenannte Alkoholfahne, heißt es in einem rechtsberaterischen Dokument, könne durchaus als Kennzeichen für erfolgten Alkoholkonsum gelten. Bei einer gewissen Erfahrung ließe sich eine »frische« von einer »alten« Alkoholfahne geruchlich unterscheiden. Damit könne auf den ungefähren Zeitpunkt des Alkoholkonsums geschlossen werden. Der Rausch war beabsichtigt, Blausein ein ersehnter Zustand, die Rock-Gruppe Silly hat ihn besungen:

Ich bin der letzte Kunde,
Ich komm nicht los vom Hahn.
Vor einer Viertelstunde
Fuhr meine letzte Bahn.
Vor einer Viertelstunde
Ging meine letzte Frau.
Ich bin der letzte Kunde
Und immer noch nicht blau.

In DEFA-Filmen und Fernsehspielen wurde Alkohol als Grundnahrungsmittel behandelt, die Hand mit dem »Zum Wohle!« erhobenen Glas gehörte zu den elementaren Gesten ostdeutscher Protagonisten. Das hatte gute Gründe. Von der Sowjetunion lernen schloß ein, von der Sowjetunion trinken zu lernen. Hundert Gramm kippen – die hohe Schule der Trinkkultur, damit fing es an. In Filmen über den Großen Vaterländischen Krieg spielten innige Gelage eine große Rolle. Bei Wodka und Pelmeni feierten Rotarmisten den Sieg über Hitler-Deutschland. Veteranen brachten Trinksprüche auf ihre gefallenen Kameraden aus. Der Alkohol war das Wasser, das die Tränen vervielfachte, Sto Gramm in einem Schluck – eine vaterländische Pflicht. Das Wodkatrinken war hautnah am Heldentum. In Andrzej Wajdas Kult-Film »Asche und Diamant« über eine Gruppe verirrter Untergrundkämpfer schiebt der junge Held ein Dutzend Gläser in langer Reihe über einen langen Tisch. Der Wodka wird eingegossen, angezündet und von den übriggebliebenen Kämpfern ausgetrunken. Für jeden, der für die Sache starb, brennt ein Glas – Wodka als magische Verbindung zwischen Leben und Tod. In der DDR, der es nicht nur an Kaffeesahne, sondern ebenso an heroischen Situationen mangelte, an Abenteuern erst recht, war die Verführung groß, sich mittels Alkohol fremde Abenteuer, fremde Bewährung, fremde Trauer anzueignen. Die slawische Kultur gewann Einfluß vor allem mit ihrer Literatur, ihren Filmen und ihrem Wodka.

»Als er wieder sitzt, fragt sie ihn plötzlich was, was Persönliches, was man nach Mitternacht und einer Flasche Wodka vielleicht überhaupt nicht fragen darf: Warum sind Sie in der Partei?« heißt es in einer Szene in »Buridans Esel« von Günter de Bruyn. Wo tiefere Gespräche geführt wurden, war Wodka im Spiel. Die Liebe, die Partei und die Mauer waren Themen, die der Alkohol aus den Tiefen der Seele heraufholte. Führungsoffiziere der Staatssicherheit bestellten im Operncafé Weinbrand Edel zum Mokka, wenn sie sich um einen neuen Informanten bemühten. »Edel macht das Volk hilflos und gut«, drehte der Volksmund das Goethe-Wort um. Alkohol verlieh Gelassenheit bei der Bewältigung des Alltags.

In unserem Haus brachen öfter die maroden alten Steigleitungen zusammen. Zwischen sieben und acht Uhr feierabends, wenn die Waschmaschinen angestellt und die Fransenlampen angeknipst wurden, die Fernsehapparate und Küchenmaschinen, ging das Licht aus. Die Waschmaschinen blieben stehen, die Fernseher verloschen, die Wut kam. Die Mieter lehnten sich aus den Fenstern zum Hof, um zu gucken, ob es bei den Nachbarn auch dunkel war, das kollektive Schicksal tröstete. »Elendsbuchte, keene Zuversicht!« krakeelte mit dünner Greisinnenstimme die Parteiveteranin aus dem Seitenflügel, wohl wissend, welch politische Brisanz in ihren Worten steckte. Die Nachbarn über uns ließen, wenn das Licht ausging, eine Taschenflasche Wodka am Bindfaden runter: »Ärgere dich nicht! Trink erst mal einen! Na sdorowje!« Die Notgemeinschaft in Aktion.

Das russische Wässerchen sei die genial ins Verhältnis gesetzte, fein filtrierte Mischung aus Getreidesprit und besonders behandeltem Wasser, ein urrussischer Beitrag zur Entwicklung der Weltkultur, meinte der Wodka-Hersteller Sergej Schilkin. Die Freundschaft zur Sowjetunion fand ihren ehrlichsten Niederschlag im Wodka-Konsum des DDR-Bürgers. Kalt wie Väterchen Frost hatte er zu sein, das Glas mußte beschlagen beim Eingießen, was man erreichte, wenn man die Wodkaflasche kurz im Tiefkühlfach lagerte. Dennoch, der sozialistische Mensch sollte nicht immerzu besoffen sein, wenigstens nicht in der Öffentlichkeit. In den eigenen vier Wänden, nun gut, das verstanden die Genossen Funktionäre, sie waren wahrlich keine Engel, einige von ihnen sind bekanntlich echte Flaschenteufel gewesen. Sah man genauer hin, waren es meist altgediente Genossen, die da regelmäßig zum Glas griffen, gepeinigt vom insgeheimen Wissen um Vergeblichkeit und Irrweg bei trotzig geübter Parteidisziplin. In dieser Kluft nisteten Schwermut und Suff, wurden mit feuchten Augen die Lieder vom Spanischen Bürgerkrieg angestimmt. Schnaps vertrieb die Zweifel, Schnaps betäubte das schlechte Gewissen. Ein betrunkener Bauarbeiter aber, der in seinem bügelfreien Präsent-20-Anzug aus voller Kehle brüllte: »Die Mauer muß weg!«, war nicht akzeptabel, das gehörte sich nicht. Deshalb verstärkte der Arbeitskreis »Kampf gegen den Alkoholismus« zu Ehren des 20. Jahrestages der DDR seine Anstrengungen bei der »Zurückdrängung der Trunkenheit in der Öffentlichkeit«. In den meisten Gaststätten konnte der Gast trinken, bis er umfiel, ohne daß der Gaststättenleiter einschritt, allein die Polizeistunde setzte der Trunksucht ein Ende. Der Arbeitskreis appellierte an das »Niveau« der Gaststättenkollektive und empfahl erzieherische Maßnahmen. Gaststättenleitern, die bereits gegen bestehende Gesetze und Verordnungen verstoßen hatten, sollte »ein für sie geeigneterer Arbeitsplatz« zugewiesen werden, der »die Möglichkeiten zum Rückfall weitestgehend einengt«.

Der Suff erfaßte alle Schichten der Bevölkerung. Getrunken haben nicht nur Bauarbeiter, auch Studenten taten es. Ich erinnere mich an einen Ernteeinsatz meiner Studiengruppe in der Nähe von Neubrandenburg. Bei naßkaltem Wind haben wir Kartoffeln aufgesammelt, die Kiepe für fünfzig Pfennig. Acht Stunden in gebückter Haltung sind wir über den Acker gekrochen, es war zu Zeiten der Kollektivierung der Landwirtschaft, Stadt und Land Hand in Hand, es war »Frühling auf dem Land«. Mittags gab's Schweinebraten mit brauner Soße, wir aßen in der LPG-Küche, wo, von Fliegen umsurrt, ein toter Schweinekopf in einer weißen Emailleschüssel lag und lustig guckte. So ein

Anblick mußte abends in der Dorfkneipe runtergespült werden. Beschwingt stürmten wir anschließend in den Schweinestall und probierten, auf den Schweinen zu reiten, es ging. In einem Report an die Parteileitung wurde von neun Studenten berichtet, die während eines vierzehntägigen Ernteeinsatzes zweiundfünfzig Kästen Bier ausgetrunken haben sollen, das halte ich für übertrieben.

Auch in Kreisen der Intelligenz lösten Nordhäuser Doppelkorn und Wodka Moskowkaja den Rotwein ab. Wir tranken Sto Gramm wie die Russen, Wyborowa wie die Polen, Borowicka wie die Tschechen, Palinka wie die Ungarn. Die slawische Lebensart hatte uns in Form ihrer Spirituosen erreicht und mit ihrem Brauch der vollen Tische, die sich bogen unter Speisen, die nicht abgeräumt wurden. Marinierte Pilze, Pelmeni, Speck, Blätterteig-Pasteten, Kaviar-Eier. Man sollte immer essen zum Schnaps. Und immer Schnaps trinken zum Essen. Trinken und essen, essen und trinken. Wir feierten Orgien der Maßlosigkeit. Wir hatten solche Gelage bei Reisen nach Rußland und Polen erlebt und nahmen diese Erfahrungen mit an unsere Plasteplatzdeckchen-Sprelacard-Tische. Die Ausschweifungen bei festlichen Anlässen kontrastierten den alltäglichen Mangel. »Was ist der Unterschied zwischen dem Osten und dem Westen? Im Westen sind die Schaufenster voll und die Tische leer. Im Osten sind die Schaufenster leer und die Tische voll« – in solchen Sprüchen fanden wir Rechtfertigung und Identität. Wir haben nicht viel, sollte das heißen, aber mit dem wenigen gehen wir in die vollen. Im Westen kauften sie den Schinken fünfziggrammweise, das schien uns misanthropisch.

Auf einer Gruppenreise nach Moskau in den sechziger Jahren hatte ich erstaunliche kulinarische Eindrücke gewinnen können. Sekt kostete nur ein paar Kopeken, schwarzer und roter Kaviar lagen auf dem Weißbrot so selbstverständlich wie in der DDR die Jagdwurst. Aus den

Getränkeautomaten auf Moskaus Straßen floß Pepsi Cola, die Chrustschow bei den Amerikanern eingekauft hatte. Das Eis, weißes, sahniges Moskauer Eis, Moroshenoje, war in späteren Jahren ab und an auch in Berlin oder in Leipzig zu haben. Wir reisten nach Prag und fühlten uns im Garten Eden. Gewöhnt an die gemeine Gastronomie kahler HO-Gaststätten mit graubraunen Baumwolltischdecken und frechen Kellnern, standen wir vor der gastronomischen Kultur der Goldenen Stadt wie Kinder vorm Weihnachtsbaum. Auf dem Wenzelsplatz sahen wir Imbißbuden, in denen nachts noch Speckwürstchen brutzelten. Man frühstückte in blanken Selbstbedienungs-Buffets mit glitzernden Gläsern voll bunter Milchspeisen, verziert mit frischen Früchten. Wo konnte man in der DDR frühstücken? Nirgends, jedenfalls nicht in den Sechzigern; wenn man Glück hatte, bekam man in der Mitropa eine mit Stärke aufgepumpte Gulaschsuppe.

Wir wunderten uns über die knusprigen Kipfel im Hotel Europa, die man nach jedem Bissen neu mit Butter bestrich. Über Weinlokale, die »Schlaues Füchslein«, »Grüner Frosch« und »U mecenáše« hießen. Über dienstleistungsbereite Kellner, die bei klassischer Musik Schinken mit Kren brachten, das war frisch geriebener, scharfer Meerrettich, der einem Tränen der Freude über soviel Eßkultur in die Augen trieb. Wir schwärmten von Pilsner Urquell und Schweinebraten mit Knödeln in gemütlichen Bierlokalen. Verdattert sahen wir einem Barkeeper im Burgviertel dabei zu, wie er die Kognakschwenker penibel mit einer Flamme anwärmte, bevor er den Kognak eingoß. Wir fragten uns, warum in Prag die Gastwirtschaft so anders funktionierte als bei uns. Die Tschechoslowakei war doch auch ein sozialistisches Land, die Unterdrückung des Menschen durch den Menschen war dort ebenfalls abgeschafft, dennoch schienen die Kellner ihren Beruf gern auszuüben. Ein Widerspruch, den ich mir trotz wachsender

Einsicht in die Antagonismen sozialistischer Entwicklung nicht erklären konnte.

Polen, »die fröhlichste Baracke im sozialistischen Lager«, ist mir die liebste gewesen, Krakau das Liebste vom Liebsten. Hier fand ich alles, was ich zu Hause vermißte: Lebensart, Jazzkeller und Männer, die Jeans trugen statt Hängehosen aus Zellwolle. Die Spiegeleier, die ich mir in Cafés mit regenbogenfarben leuchtenden Kronleuchtern bestellte, wurden in heißen Pfännchen serviert. Der Kaffee war stark, die Galaretkas, grüne Götterspeisen mit Walderdbeeren, leuchteten aus hohen Kristallgläsern. Wunderdinge für jemanden, der aus HO-Land kam. Pieczarki z patelni, Pilze aus der Pfanne, Rote-Rüben-Suppe mit warmer Blätterteigpastete, Bigos mit Dillkartoffeln. Und Tatar, das der Kellner am Tisch mit Starka, einem polnischen Weinbrand, zubereitete. Daß auf dem von Zeugnissen der Renaissance umstellten Marktplatz Rosen verkauft wurden und die Leute in Straßencafés saßen, vollendete das Bild der anderen Kultur in einer Stadt, die vom Bürgerlichen mehr als Reste bewahrt hatte.

Die Polen tranken den Wodka aus großen Gläsern. Der Alkoholismus war dort ein Riesenproblem. Ich erinnere mich an Plakate, von denen stolz ein kleiner Junge blickte. Darunter die Mitteilung: »Moj tatus nie pije – Mein Papa trinkt nicht!« – der Ausnahme-Vater.

Die Verhältnisse, sie sind nicht so

»Es brennt der Wald« – der Song der polnischen Pop-Gruppe Rote Gitarren schallte aus dem großen abgenutzten Radioapparat, der in der Zeitungsredaktion stand, in der ich nach dem Studium arbeitete. Im Grunde schallte der Song nur ein einziges Mal in dieser Lautstärke durch die Redaktionsräume, ich hatte ihn nach einer Auseinandersetzung mit dem Chefredakteur über »Die Leiden des jungen Werthers« laut gestellt, die Wände sollten wackeln, es sollte was bedeuten: Daß nicht alle Blütenträume reifen. »Im Sozialismus reifen alle Blütenträume«, hatte der Chefredakteur behauptet. Ich hielt das für eine Lüge und ließ dramatisch die Roten Gitarren schreien: »Es brennt der Wald, so brenn auch ich.« Im Westen trugen die Studenten die Bilder von Karl Marx und Rosa Luxemburg durch die Straßen, im Osten verstaubten sie in den Büros.

Schreibtische, Schreibmaschinen und Karteischränke in dem alten Haus der Redaktion waren bunt zusammengewürfelt. Was sich so angesammelt hatte und woanders nicht gebraucht wurde – Möblierung einer Nische, Staub als Schutzschicht. In der Kantine setzte sich das Zufallsprinzip fort. Sessel mit geschwungenen Holzlehnen und flache Tische, zu niedrig eigentlich, um daran essen zu können, abgetretener Parkettfußboden – die Kantine des Verlagshauses war eher ein Klubraum als ein Speisesaal. Das Betriebsessen wurde Ende der Sechziger noch an Ort und Stelle gekocht, Suppe, Hauptgericht und Nachspeise. Alles zusammen für sechzig Pfennig. Später wurde es in Kübeln angeliefert, nur noch das Hauptgericht, bevorzugt mit Thymian gewürzt, der Koch war Bulgare. Die Kantine war das tägliche Kollektiverlebnis; die Mittagspause dauerte eine Stunde, nicht selten zwei. »Mahlzeit« wünschte man auf allen Wegen, »Mahlzeit« anstatt »Guten Tag«, doch was es zu essen gab, ist lange nicht so wichtig gewesen wie das, was gesprochen wurde.

Auch in den Redaktionszimmern aßen und tranken wir. Kaffee, Hansa-Kekse, selbstgebackenen Kuchen. Anlässe zum Feiern fanden sich genug. Geburtstage, Frauentag, Kindertag, Tag der Republik, Tag der Befreiung, Urlaubslagen, Prämien, die Tage vor Ostern, Pfingsten, Weihnachten, Silvester, wir nutzten jede Gelegenheit. Der Geruch von Hackepeter-Brötchen mit Zwiebeln, vermengt mit dem Dunst von Rotwein, altem Durchschlagpapier und verstaubten Möbeln, ergab ein Aroma behaglicher Verderbnis. Essen und Trinken ist spontane Therapie gewesen, der elementare Kreislauf von Werden und Vergehen als natürlicher Widerstand gegen das allmähliche Erstarren der Verhältnisse.

Ulbrichts letzter Winter als Herrscher war ungewöhnlich kalt, zwanzig Grad minus, der Schnee lag hoch. Es gab keine Kartoffeln, und das in der Vorweihnachtszeit, wo ungeduldiger noch als gewöhnlich die Akzeptanz der Regierung von der Versorgungslage abhing: »Keine Kohlen im Keller, keine Kartoffeln im Sack – es lebe der 20. Jahrestag.« Auf Anweisung des Politbüros wurde der »Operativstab Speisekartoffeln« gebildet, der »kurzfristig Maßnahmen zur Versorgung der Bevölkerung mit Speisekartoffeln« ergreifen sollte. Aus Ägypten wurden schließlich Kartoffeln herangeschafft. Sie waren zwar auffallend groß, reichten aber trotzdem nicht, Betriebskantinen und Schulen mußten sich mit Makkaroni begnügen. Der Winter war hart, es gab nicht nur keine Kartoffeln und keine Milch, sondern auch keine Kohlen und keinen Strom, in der Silvesternacht von 1969 zu 1970 verlosch das Licht auf den Straßen. Mißmutige Witze kamen auf: Die vier Hauptfeinde des Sozialismus? Antwort: Frühling, Sommer, Herbst und Winter. Das Wetter war an allem schuld, das Wetter und Walter Ulbricht.

Das Politbüro, damals noch mit wachem Instinkt für schwindende Macht, kritisierte die reformatorische Wirtschaftspolitik des unpopulären Genossen, sie würde auf Kosten der Bevölkerung gehen. Im Intrigenspiel gegen den von Automatisierung und wissenschaftlich-technischer Revolution besessenen Staatsratsvorsitzenden übernahmen Stoph und Honecker die Hauptrollen. Sie schimpften Ulbricht einen lebensfremden Technokraten und richtungslosen Experimentator. Sie kritisierten seine Orientierung am westlichen Produktionsniveau. Sie empfahlen die »Erhöhung der Produktion von Konsumgütern zur Versorgung der Bevölkerung« sowie die Sicherung stabiler Preise für Grundnahrungsmittel. Gleichzeitig schwärzten sie Ulbricht bei Breschnew an. Der Genosse Erster Sekretär stelle sich gern auf eine Stufe mit Marx und Engels, petzten sie in einem Brief nach Moskau, der Genosse Staatsratsvorsitzende wolle der Bevölkerung im Rahmen seiner Reformpolitik weitere Abstriche am Lebensstandard zumuten. Visionär Ulbricht blieb dabei: »Es ist notwendig, daß wir gegen den Konsumentenstandpunkt Stellung nehmen, trotz der Schwierigkeiten. Im Kampf der beiden Weltsysteme müssen Opfer gebracht werden.« Im Frühling, der auf den kalten Winter folgte, war Ulbricht ein politisch toter Mann.

NUDELSALAT, FONDUE, STILLSTAND
Die siebziger und achtziger Jahre

Klassenmampf

Die Ära des Wohltäters begann. Erich Honecker wollte geliebt werden und war fest davon überzeugt, daß alle ihn liebten. Honecker reiste ohne Vorkoster, wer sollte ihn vergiften wollen, überzog er doch das Land mit wohlriechenden Intershops und luxuriösen Delikatläden, importierte er doch die für ein frohes Jugendleben unerläßlichen Levi's-Jeans. Der Wohltäter verkündete die »Einheit von Wirtschafts- und Sozialpolitik« als neue Hauptaufgabe der Partei; das materielle und kulturelle Lebensniveau sollte weiter gesteigert werden. Er erhöhte die Renten und Mindestlöhne. Er legalisierte die Schwangerschaftsunterbrechung und sorgte gleichzeitig dafür, daß junge Frauen ihre Kinder unter besten Bedingungen auf die Welt bringen konnten. Der Wohltäter lebte und herrschte über unsere Verhältnisse. Kenner der Materie sagen, daß sich im Laufe der Honecker-Ära die Sozialpolitik von der wirtschaftlichen Rentabilität völlig abgekoppelt hätte: Was unter Ulbricht akkumuliert worden ist, sei unter Honecker verfressen worden.

Was bei Staatsbesuchen verspeist wurde, ist dokumentiert, es hielt sich in Grenzen. Als der sowjetische Außenminister Andrej Gromyko am 5. Juni 1972 zu Gast war, wurde zu Schinkentütchen mit Sahnemeerrettich zunächst ein Wodka gereicht, sowjetischer. Kaviar und Räucheraal gehörten gleichfalls zu den Vorspeisen. Danach gab es Känguruhschwanzsuppe aus dem VEB Exzellent in Dresden, wo diese seltsam exotischen Suppen hergestellt wurden – Känguruhschwanzsuppe, Haifischflossensuppe, Oxtail clear oder Schildkrötensuppe waren für den Bürger erreichbarer als Räucheraal oder Bananen. Wenn für ein Staatsbankett etwas benötigt wurde, was es nur im Westen gab, wurde ein Mitarbeiter mit Dauervisum zum Supermarkt Ulrich am Bahnhof Zoo geschickt, der holte, was fehlte.

Als zweiter Gang wurde eine Lachsschnitte mit Sauce Mousseline aufgetragen, dazu Spargelspitzen, Butterreis und Salat. Die Herren kriegten zum Lachs Lindenblättrigen, einen ungarischen Weißwein aus der HO. Warum eigentlich Lachs, Honecker mochte doch keinen Fisch, außer Hering nach Hausfrauenart – hatte der Gromyko auf Lachs bestanden, und das Protokoll mußte sich dreinschicken? Staatsmännische Pflicht – schlucken, was einem nicht schmeckt. Auch das Hauptgericht, Fasan in Sahnesauce auf Champagnerkraut mit Pommes duchesse, dürfte nicht nach dem Geschmack des Parteichefs gewesen sein – Fasane sind wilde Vögel, die muß man schießen, Wild aß Honecker bekanntlich nicht, er tötete es nur. War der hohe Gast scharf auf gut abgehangenes Fasanenfleisch, und Honecker mußte sich fügen? Zum Nachtisch reichte man Obstsalat mit Haselnüssen, auch nicht das Wahre für den Gastgeber, er aß nicht gern Obst, außer mal einen Apfel aus Werder. Das Gläschen Schloß Wackerbarth halbtrocken aus Radebeul, das ging in Ordnung. Zum Abschluß Mokka und feines Gebäck, und ein Kognak, ebenfalls sowjetischer selbstverständlich. Der Deutsche wird seinen nur halb ausgetrunken haben, aus gesundheitlichen Gründen, zum Wohl! Na sdorowje! übersetzte der Dolmetscher.

Lebenslust und Chutney

Paula liebte Paul. Paul liebte Paula. Paul und Paula. Die Betriebskantinenhilfe und der Ministeriumsangestellte. Sie empfing den Geliebten auf einem über und über mit Blumen geschmückten Liebeslager und trug einen über und über mit Blumen besteckten Unterrock, auch ihr Haar war voller Blumen. Sie saß auf dem exzessiv dekorierten Traumbett mit einer Broilerkeule in der Hand. Irgendwo stand auch Wein. Essen, Trinken, Verführung. Blumenkinder in der DDR. Die Gegenwart war nah, die Vergangenheit auch. Die Zukunft nicht.

Diese mit Hippie-Habitus überladene Szene in Heiner Carows DEFA-Film »Die Legende von Paul und Paula«, der 1973 unter Parteimurren in die Kinos kam, zeigte nicht nur das Verlangen nach Liebe, sie feierte vor allem den Lebenshunger. Die Lust auf Individualität, die Sucht nach dem Besonderen, das übermütige Abschweifen vom Standard, lieber verrückt als Masse: »Geh zu ihr, und laß deinen Drachen steigen.« Die Szene beschrieb ein Lebensgefühl des Jetzt-Alles, des Nicht-mehr-auf-die-Zukunft-vertröstet-werden-Wollens. Was zählte, war der Moment. Paula ging daran zugrunde. Die siebziger Jahre gelten als die erfolgreichste Dekade der Republik. Die Partei hoffte, daß sich durch bessere Konsumbedingungen die Arbeitsproduktivität erhöhen würde, und verteilte Vorschußwohlstand. Nachdem der maßvoll jugendlich auftretende Honecker dem eigensinnigen alten Ulbricht das Ruder aus der Hand genommen hatte, schien Aufbruch in der Luft zu liegen. Als hätte jemand das Fenster aufgemacht, um frische Luft einzulassen. Nach einer Weile stellte man fest, daß die Fenster gar nicht zu öffnen waren, weil eine Klimaanlage die Temperatur regelte.

Erich Honecker, der Staatsmann mit dem Charme eines Aktenordners, hatte erstaunlichen Sinn für Inszenierungen: Eine davon waren die Weltfestspiele der Jugend und Studenten 1973. »Sing auf allen Straßen, tanz auf allen Straßen, sing, solang es dir gefällt. Leben soll die Liebe, leben soll das Leben, leben soll das Glück der Welt.« Der Popsong im Stil der Zeit war die Hymne dieser Spiele, die von Optimisten als das Woodstock der DDR bezeichnet wurden. Weltoffenheit als Kampagne, ein Schauspiel von Daseinsfreude und Liberalität. Zehntausende junger Leute mit langen Haaren, in Jeans und Miniröcken, aßen und tranken, tanzten, lümmelten und diskutierten auf dem Alexanderplatz in Berlin, als sei ein Leben ohne Gängelei und Kontrolle selbstverständlich. Dreitausend Küchenkräfte waren aus den Bezirken abgezogen worden, um die Festivalteilnehmer im »Quartierbereich«, in »Feldküchenrestaurants« und Interhotels zu verpflegen. Sogar ein Getränk ist zu diesem Anlaß aus der Taufe gehoben worden, die »Festival-Perle«, ein Gemisch aus »Orangenjuice« und Sekt, immerhin zwanzigtausend Flaschen konnten geliefert werden. Ein Tropfen auf den heißen Stein, möchte man meinen, doch die Bereitstellung kalter Getränke zur warmen Jahreszeit war keine Selbstverständlichkeit, sondern eine sozialistische Errungenschaft. Der Stolz der Produzenten auf die Festival-Perle war unter diesen Umständen berechtigt. Mitten im schönsten Festspieltrubel starb Walter Ulbricht. Kein Grund zur Trauer, beschloß die Parteiführung. Es wurde weitergefeiert – »Leben soll das Leben«.

Im September desselben Jahres floß Blut in Chile. General Pinochet beendete das sozialistische Programm von Präsident Allende. »El pueblo unido jamás será vencido!« – »Das einige Volk wird niemals besiegt werden!« – die feurigen Rufe der Revolutionäre mit den langen, schwarzen Haaren, die in unseren welthungrigen Augen allesamt wie Che Guevara aussahen, auch die kleinen Dicken, diese Rufe gingen unter in Enttäuschung und Hoffnungslosigkeit. Die Emigranten kamen und brachten außer ihren Liedern, ihren Traumata und ihrem Heimweh auch ihre Empanadas mit, Teigtaschen, deren mehrstündige Herstellung wir mit Andacht begleiteten. »Der chilenische Sozialismus hat den Geschmack von Empanadas und Rotwein«, hatte Salvador Allende gesagt. Eine Empanada, mit gehacktem Rindfleisch,

Käse oder Spinat gefüllt, war nicht irgendeine Teigtasche, eine Empanada schmeckte nach Heimat, und nach Revolution. Besonders für uns, die wir niemals eine Revolution erlebt hatten, uns aber gefälligst verhalten sollten, als hätten wir eine hinter uns. Sollte das alles gewesen sein?

Die zunehmende Ereignislosigkeit, Langeweile und den Lebenshunger stillten wir mit Essen und Trinken. Ähnlich den Depressiven, die innere Leere mit Schokolade, Chips und Buletten zu füllen suchen, nur machten wir es fröhlich: »Ich und du ein Tellerchen, sind wir zwei Gesellerchen.« In kollektiver Lust, gebändigt von gemäßigter Melancholie, schlugen wir uns die Bäuche voll, Sozialismus war jetzt nur noch Ruhigstellung durch Konsum, erkauft durch eine gigantische Staatsverschuldung. Honecker ließ im Westen anschreiben, bis er nicht mehr kreditwürdig war. Die Utopie löste sich in Wohlgefallen auf, sie verrauchte über den Holzkohlegrills, auf denen, hingebungsvoll mit Bier begossen, Massen von Schweinekämmen und Bratwürsten dämmerten. Aus großen Büchsen, die schwer aufgingen, nahmen wir bulgarischen Schafskäse und streuten ihn über den Schopska-Salat aus Tomaten, Gurken, Zwiebeln und Paprika, verfeinert mit Tschubriza, der bulgarischen Gewürzmischung aus getrocknetem Bohnenkraut.

In den Plattenbauten richteten sich die Hausgemeinschaften Party-Keller ein, wo sie bei Nudelsalat mit Mayonnaise und Jagdwurststreifen, bei überbackenen Wiener Würstchen und Radeberger Bier die sozialistische Menschengemeinschaft hochleben ließen, obwohl man sich vom Ulbrichtschen Gleichheitsideal langsam, aber sicher verabschiedete. Die Gesellschaft der Siebziger teilte sich gemächlich in verschiedene Schichten, die unterschiedlich am Wohlstand teilhatten, die Egalitätssucht hatte ihre Grenze erreicht. Man suchte das Aparte. Wer mehr Geld hatte, lebte besser – »Ich leiste was, ich leiste mir was.« Für »was Besonderes« tat der Beutel-Bürger viel. »Mal was anderes«, schnurrte er entzückt, wenn im Westpaket eine ihm unbekannte Süßigkeit lag oder im Delikatladen ein neues Produkt auftauchte; er kaufte es, egal, was es kostete, die »Erzeugnisse des gehobenen Bedarfs« hatten ihren Preis. Die Parteiführung wußte um die Lust ihrer Bürger auf Extras. Für den Jahreswechsel zu 1977 importierte sie für siebenhundertfünfzigtausend Valutamark Sekt aus Spanien, Frankreich und der BRD, die Bürger sollten fröhlich sein und singen hinter der Mauer.

Champagner spült mitunter
Gar manches mit hinunter
Drum lassen weise Fürsten
Die Völker niemals dürsten.
Stoßt an, stoßt an!

heißt es in der »Fledermaus« von Johann Strauß.

Aufgeräumt saßen wir um Fondue-Töpfe, Raclettes und Grillgeräte, tunkten viele kleine Fleisch-, Fisch- und Käsestücke erst in heißes Öl und dann in viele kleine Schalen mit vielen kleinen Saucen vom VEB Exzellent aus Dresden: Worcestershire-Sauce aus Tamarinden, Zitronensaft und Dessertwein, Peppersauce aus Chilischoten, Cumberlandsauce aus Orangensaft und Johannisbeergelee, Sauce béarnaise und Party-Sauce auf Tomatenmarkbasis. Dazu Bautzner Paprikasenf und all die selbstgemachten Chutneys aus Stachelbeeren, Tomaten, Äpfeln und Aprikosen. Die marinierten Pilze, Zwiebeln und roten Rüben aus den polnischen Hortex-Läden. Der selber eingelegte Knoblauch, der einem die Haut an den Händen verätzen konnte, wenn man es übertrieb. Bei keinem Fest fehlen durfte die zum Leuchter umfunktionierte Riesen-Gamza-Rotweinflasche. Generationen von Haushaltskerzen waren an ihr heruntergetropft, je dicker ihr weißer Mantel aus Wachs wurde, desto stimmungsvoller die Fete.

Grillen, Gratinieren, Flambieren. Aufläufe komponieren, Brot backen, Pizzateig kneten – das Überlebensrezept der Siebziger und Achtziger. Dem langweiligen Standard das Ausgefallene entgegensetzen, der Monotonie das Kreative. Selbstgebackene Brötchen statt derer aus dem Backwaren-Kombinat, die nicht mehr frisch waren, wenn sie in der Kaufhalle ankamen. Die privaten Bäcker wurden immer seltener, wer sonnabends Brötchen haben wollte, mußte früh auf- und lange Schlange stehen. Die Bäcker verkauften lieber den teureren Kuchen als Schrippen für fünf und das Kilo Vollkornbrot für fünfundvierzig Pfennig, sie buken einfach weniger. Demoralisierend wirkte vermutlich auch, daß das billige Brot und die billigen Brötchen als Viehfutter Verwendung fanden.

Mangel und Verschwendung paßten zusammen wie zwei linke Latschen. Nach der Wende fand sich in den Akten des Ministeriums für Staatssicherheit ein Leserbrief an das »Neue Deutschland«, in dem ein Leser folgende Beobachtung mitteilte: »Vor der Bäckerei unseres Dorfes mußte ich an einem feuchtnebligen Herbsttag ein paar Minuten warten. Plötzlich kam eine junge Frau mit ihrem achtjährigen Sohn aus dem Laden, beide auf den Armen aufgetürmte warme Brote. Beide kippten die Brote in den Hänger des vor dem Laden parkenden Pkw. Der Junge rannte noch mal in den Laden und holte noch ein paar Brote heraus, warf sie mit Schwung in den Hänger und sprang zur Mutter ins Auto. Beide waren fröhlich und fuhren mit 10 bis 15 Broten davon. Ich kenne die Familie, sie züchtet Biber … Andere holen das Brot für Kaninchen, Hühner und Schweine.« Um was die Stasi sich doch alles kümmern mußte, das Ministerium für die Sicherheit des Staates!

Anders essen! Sich aus der Masse herausheben! Chutney kochen! Den Dingen einen außergewöhnlichen Geschmack beibringen! Nicht Schweinebraten mit Sauerkohl, sondern Schweinebraten mit Birnen-Curry-Chutney. Kaßler mit

Apfel-Aprikosen-Chutney und Buletten mit Stachelbeer-Chutney. Chutneykochen war Mode und Manie. Es brachte Exotik in die Gleichförmigkeit der DDR-Küche, es ergab einen Geschmack, der von weither zu kommen schien und doch in unseren eigenen Küchen fabriziert wurde. Die Chutneys waren eine raffinierte Mischung von süß und salzig, scharf und sauer. Alle Welt kochte Chutney, füllte es in Schraubgläser ab und verschenkte es zum Geburtstag. Handbeschriftet mit Schleifchen überreichte man das Gläschen der Gastgeberin, als Mitbringsel bei einer Einladung zum Essen. Zum Beispiel:

Ingwer-Apfel-Chutney

24 große Äpfel, 450 g Rosinen, 900 g Zucker, 90 g Senfkörner, 4 getrocknete Chilis, 1 Eßlöffel Kurkuma, 45 g Ingwer, 500 g feingeschnittene Zwiebeln, 4 zerdrückte Knoblauchzehen, 1 Prise Salz, 700 ml Weinessig und 150 ml Wasser. Äpfel schälen, entkernen und in kleine Stücke schneiden. Zusammen mit den übrigen Zutaten in einen Topf mit verstärktem Boden geben und etwa 1½ bis 2 Stunden bei kleiner Flamme kochen, bis alles gut durchgekocht ist. Chutney über Nacht stehenlassen und erst am nächsten Tag in saubere Gläser füllen und zubinden. Achtung: Während des Einkochens bitte Fenster öffnen. Das fertige Chutney schmeckt nicht so sauer, wie es riecht, sondern süß und lieblich.

Das Land war idyllisch wie ein Chutney-Töpfchen und träge wie ein Hefeteig. Brotbacken und Chutneykochen waren Teile eines beschaulichen Freiheitsdrangs mit dem Ziel der Erweiterung des Kaufhallensortiments durch Selbermachen. Im Sommer Riesenbleche voller Kirschkuchen backen, im Winter Zwiebelkuchen. Pflaumenmus einkochen und Aprikosenkonfitüre. Pilze sammeln und trocknen. Steinpilze, Maronen und Butterpilze in Essig, Honig, Knoblauch einlegen. Kräuter, Radieschen und Tomaten auf dem Balkon anpflanzen. Bambussprossen imitieren: Kohlrabi in feine Streifen schneiden und in Öl dünsten, es lebe die Improvisation! Beim Bauern ein ganzes Lamm besorgen, die dreißig Kilo portioniertes Tier in der Kühltruhe lagern und staunende Kollegen zum fünfstündigen Lammbratengelage einladen. Subjektive Strategien, das Leben spannender zu machen, als es war. Essen als Kultur, als Unterhaltung, als Ausgleich und Rückzug. Essen hieß auswandern.

Republikflucht in der Bratpfanne

Wie orgiastische Ausflüge in ferne Welten lasen sich die Rezepte von Ursula Winnington, die von 1976 an auf den rosa Seiten des »Magazin« erschienen: »Liebe, Phantasie und Kochkunst«. Fast wollüstig boten sie sich dar, dufteten nach Sünde und Fremde. Asparagi alla milanese, Huhn à la Gangbao, Pollo al cognac, Imam bayildi. Solche Rezepte waren eine lukullische Einladung zur Grenzüberschreitung, ein West-Visum für jedermann. Chou-fleur au gratin – das klang anders als überbackener Blumenkohl, es wurde auch anders zubereitet, mit unbekannten Ingredienzien. Die »Magazin«-Köchin war mit einem Engländer verheiratet, sie kam herum in der Welt, brachte Anregungen aus Frankreich und Spanien, Indien und China mit, Gewürze, Techniken, Rezepte. Sie unterlief das Provinzielle der DDR-Küche und schleuste internationale Lebensart in die Haushalte der Republik. Die Leser sammelten die rosa Seiten, holten sich die ihnen versperrte Welt wenigstens in die Kochtöpfe – mit einer echten Bouillabaisse war man auch in Pirna und Greifswald ein bißchen in Marseille. Spaghetti alla Bolognese schmeckten nach den unerreichbaren Stränden des Mittelmeers, Mousse au chocolat nach einem kleinen Restaurant in Biarritz, und bei der Zubereitung von Bhooni kitcheri, einem Linsengericht, hatte man die Gesindeküche eines indischen Palasts vor Augen, der Maharadscha kostete zwanzig Vorspeisen von goldenen Tellern.

Auch das Staatsoberhaupt verließ gern mal die Republik, um in der Welt rumzureisen. Die DDR fand mittlerweile überall Anerkennung, Erich Honecker machte Staatsbesuche in fernen Ländern. Am Tag darauf protokollierte das »Neue Deutschland« penibel, wie viele Motorräder zu dem Konvoi gehört hatten, der das Staatsoberhaupt eskortierte, und daß unser Erich in dem fremden Land mit »Exzellenz« tituliert worden war. Die diplomatischen Ehrenbekundungen machten ihn generös, der Vorsitzende markierte Weltoffenheit. Wir lebten zwar hinter der Mauer, aber doch irgendwie auf internationalem Niveau.

»100 internationale Rezepte« war der Titel eines Sonderhefts, das von der Modezeitschrift Sibylle realisiert wurde. Die Redakteurin und der Fotograf erinnern sich heute bei Beaujolais und griechischen Vorspeisen an die Herausforderung, Essen als Stilleben zu fotografieren. »Nebenan wurde gerade eine Straße gepflastert«, erzählt Frau M. Sie nahmen ein paar von den viereckigen kleinen Steinen mit, kauften Fische mit glänzenden Augen, fuhren in ihren Garten, machten eine Zeitung naß und arrangierten die Fische, das Zeitungspapier und die Pflastersteine zu einer regenfrischen Marktszene irgendwo am Atlantik, so kam Welt in die Bude.

Für ein anderes weltläufiges Foto hatte ein Freund der Redaktion eine samtene Originalschatulle mit chinesischem Geschirr angeschleppt, schwarz, lackglänzend, goldverziert – ein Geschenk der chinesischen Regierung an einen ehemaligen Außenminister, der wiederum dem Fotografen-Freund die Leihgabe anvertraut hatte, auf daß sie im

Sonderheft der hundert internationalen Rezepte ihren exotischen Auftritt habe. So entstanden, zwei links, zwei rechts, selbstgestrickt im eigenen Garten, auf eigenen Tellern sozusagen, die Fotos von italienischen Polpettos, französischem Coq au vin und Schweinefleisch Chao Mien. Die Speisen auf dem prächtigen Geschirr wurden mit Rücksicht auf die sowjetischen Freunde nicht als chinesisch, sondern als asiatisch ausgewiesen. Die Russen lagen mit den Chinesen in ewigem Streit um die Grenze am Issuri, da durfte in der DDR kein chinesisches Mahl auf den Tisch, jedenfalls nicht in der Öffentlichkeit.

Wohin mit dem Essen, wenn die Fotos fertig waren? Herr und Frau M. berichten von üppigen Tafeln. Sie starteten einen Rundruf, und alle kamen zur Après-Foto-Fete, wo aufgegessen wurde, was zuvor fotografiert worden war, auch die drei Kilo Schinken im Brotteig; Schinken – eine Mangelware! Erst trank man dazu, wie im Sonderheft empfohlen, Mavrud, einen bulgarischen Rotwein, später Nordhäuser Doppelkorn; der war nicht empfohlen worden.

Roger war ja mal 'n hübscher Junge, bemerkt Frau M. mit Blick auf ihren schmalen, dunklen Mann, der hatte Schlag bei Fleischverkäuferinnen. Der kann auch kochen, fügt sie entzückt hinzu, das hat er von seiner holländischen Mutter. Die stand mit lackierten Fingernägeln, goldbehängt, Zigarette im Mundwinkel, in der Küche und ließ schon in den Sechzigern die Mohrrüben nicht im Wasser ertrinken. Sie schnitt sie nicht klein, sondern halbierte und dünstete sie fein; versteht sich, daß sie bei ihren kulinarischen Unternehmungen keine Schürze trug. »Spencer-Braten«, sagt der Mutter Sohn und Fleischverkäuferinnen-Liebling M., »Spencer-Braten, auch Kronenbraten genannt. Das fing bei einem Kilo an, es konnten aber auch zwei oder drei Kilo sein. Ein Kotelettstück mit Rippenknochen, das eine dünne Fettschicht haben mußte. Das Fleischstück wurde mit Thymian, Estragon und Salbei gewürzt und in den Ofen geschoben. Erst beim Servieren ist das Fleisch aus den Knochen geschält worden«, fachsimpelt Herr M., nimmt sich was von der vegetarischen griechischen Paste und sieht für eine Sekunde nach Verzicht aus.

Süßer Speck

Den Erbauer des Sozialismus gelüstete es nach Luxus, genauer gesagt, nach Westwaren. Geld hatte er genug – aber was konnte er sich dafür kaufen außer Genuß beim Essen und Trinken? Schon 1962 waren an Grenzübergangsstellen und Bahnhöfen Läden zur Abschöpfung von Devisen eingerichtet worden – Intershops. »Reisende aus dem kapitalistischen Ausland« holten sich dort Zigaretten, Whisky und Schokolade zum günstigen Preis, mancher Westbürger machte damit Geschäfte. Ab 1974 durften auch Bürger der DDR im Intershop einkaufen – für D-Mark, selbstverständlich. Die konspirativ wirkenden Baracken, aus denen einem der unverkennbare Duft der großen weiten Welt entgegenschlug, waren das Sonntagnachmittag-Ausflugsziel ganzer Familien. Lange standen sie unschlüssig herum in den engen, vollgestopften Räumen des Kleinen Westens. Lange wählten sie aus, um die kostbare D-Mark auch richtig anzulegen. Mit Süßem Speck aus rosa Schaumzucker in durchsichtiger Spitztüte und einem blauen Nivea-Ball in den Händen, ein halbes Pfund West-Kaffee und eine Flasche Johnnie Walker im Einkaufsbeutel, verließen sie mit Kind und Kegel erschöpft, aber glücklich das provisorische Paradies.

Solche Privilegien irritierten die klassenlose Gesellschaft. Von Zweiklassengesellschaft war nun die Rede, von einer Gesellschaft, die sich in Devisenbesitzer und Nicht-Devisenbesitzer teile. Die einen bekämen Geldgeschenke von der Verwandtschaft und holten sich im Intershop

Jacobs Krönung, Ölsardinen in der Büchse, Mon Chéri und andere Herrlichkeiten. Die anderen würden treu dem Staat dienen, hätten keine Westkontakte – denn die waren für Staatsdiener verboten –, also auch kein Westgeld, und könnten sich die Nasen platt drücken an den vergitterten Fenstern der Intershop-Kabuffs. Erich Honecker nahm sich des Problems an: »Gestattet mir ein offenes Wort zu den Intershop-Läden, Genossen! Diese Läden sind selbstverständlich kein ständiger Begleiter des Sozialismus.« Doch entgegen der staatsmännischen Prognose ging das Wort Intershop in den Großen DDR-Duden ein: »Intershop – Spezialgeschäft mit konvertierbarer Währung als Zahlungsmittel (lat. u. englisch)« steht auf Seite 224. Was dort stand, das war für immer, das war für »ständig«. »Natürlich übersehen wir nicht«, räumte der Staatsratsvorsitzende ein, »daß Bürger der DDR, die keine Devisen besitzen, in gewissem Nachteil gegenüber denen sind, die über solche Währung verfügen.« Also werde zum Ausgleich das Delikatladen-Netz erweitert.

In Berlin, Halle, Leipzig, Dresden, Magdeburg und Erfurt konnten jetzt alle sogenannte Luxusgüter kaufen. Die, die über Westgeld verfügten, sowieso. Nun auch die, die eine Menge Moos der Deutschen Notenbank hatten und verpulvern konnten. Wer Luxus wollte, sollte zahlen. Kaufhallen richteten Delikat-Ecken ein, in denen Nudossi und Cinzano angeboten wurden. Ein Teil der begehrten Ware kam aus der Bundesrepublik, ein anderer aus eigener Produktion, sechzig zu vierzig, wie bei der Rockmusik. Die Ostware würde genauso bunt verpackt sein wie die aus dem Westen, Sechskantflaschen und Hochglanzetiketten – abgemacht! Natürlich koste das was. Grundnahrungsmittel blieben billig, versprochen bleibt versprochen. Für Zunge in Aspik, für Schinkenröllchen und Lachshäppchen mit Spargelstücken aus der Dose aber mußte man was hinblättern. Für Schmand im Töpfchen, Eberswalder Würstchen,

Cambozola-Käse und Konfitüre mit Cassis. Für Gänseleberpâté, Döbelner Salami und Schokolade mit mehr als den dürftigen sieben Prozent Kakaoanteil, die man der gewöhnlichen Ostschokolade zugestand. Für hundert Gramm Aal mußte man im Delikat neunzehn Mark hinblättern, im Intershop vier. Eine Tafel Schokolade bekam man dort für eine DM, im Delikat für sieben Mark – der Schwindelkurs im Dienst des Sozialismus in Nöten. Über die Jahre wanderten etliche Artikel aus den normalen Läden in die Delikatläden, »first class«-Kaffee, Fischkonserven, Freitaler Kloßmehl. Mangelwaren wurden zu Luxusgütern erklärt, so blieben die Preise stabil und erhöhten sich doch.

Herr G. aus Jöhstadt schrieb an die Redaktion »Prisma« beim DDR-Fernsehen: »Hinzu kommt noch, daß jetzt im Delikat Butter verkauft wird, das Stück 250 Gramm zu 6,80 M. Was soll das sein? Was essen wir denn da an Butter zu 2,40 M? Ich möchte da sagen, was ist da los? Haben wir, die wir heute Rentner sind, unsere Republik von Anfang an so schlecht aufgebaut …?«

Die D-Mark saß im Schoß des Sozialismus wie eine reiche Tante am Tisch ihrer armen Verwandten, erst zu Besuch, dann wohnte sie ein und wäre irgendwann zur Hauptmieterin geworden. Sie mußte aus der Öffentlichkeit verschwinden, wenigstens pro forma. Eines Tages durften DDR-Bürger nicht mehr mit echtem Westgeld im Intershop einkaufen, sie hatten es zuvor in Forum-Schecks einzutauschen. Jetzt waren Westler und Ostler im Intershop genau zu unterscheiden, die einen zahlten mit richtigem, die anderen mit Spielgeld. Einige umgingen die Demütigung, sie setzten eine hochmütige Miene auf und markierten, um mit echtem Westgeld bezahlen zu dürfen, den echten Westler. Die Camouflage mußte so perfekt sein, daß die Verkäuferin nicht wagte, nach dem Reisepaß zu fragen.

Es war einmal, da hatte ich fünfundzwanzig West-Mark. Ein Freund, der seine linke Gesinnung handfest unter

Beweis stellen wollte, hatte sie eins zu eins mit mir getauscht. Ich wechselte die Westmark vorschriftsmäßig in Forum-Schecks und trug sie lange mit mir rum. Da entdeckte ich im Intershop am Alexanderplatz ein Frühstücksgeschirr aus weißem Glas mit aufgeklebten bunten Blumen, es kostete genau fünfundzwanzig D-Mark. Ich fand es aprilfrisch und westlich; die Art Geschirr findet man heute noch in Bistros, wo sie einem in der Mikrowelle ein Schnitzel aufwärmen und fragen, ob man Senf oder Ketchup dazu möchte. Ich gab meinem Mann die Schecks und bat ihn, das Geschirr zu kaufen, das ich ihm genau beschrieb. Unser Frühstück, schwärmte ich, würde viel heiterer werden mit solch strahlend weißen, aprilfrischen Tassen und Tellern, ich habe wirklich aprilfrisch gesagt.

»Das machst du nicht noch mal mit mir«, murrte am Abend mein Intershopper und steckte sich hastig eine Cabinet an. Zugetragen hatte sich folgendes: Er hatte auf das bewußte Geschirr gezeigt und der Verkäuferin die Schecks rübergereicht. Die hatte verblüfft auf die schmalen Scheine gestarrt und war damit wortlos nach hinten verschwunden. Nach einer Weile tauchte sie wieder auf, sah dem Kunden seltsam ins Gesicht und sagte mitleidig: »Dafür kann ich Ihnen die Ware nicht aushändigen, das sind Gutscheine für eine Kinderweihnachtsfeier.« Zum Beweis wies sie auf die auf der Rückseite abgebildeten Weihnachtsbäume. »Das machst du nicht noch mal mit mir«, wiederholte der Gescheiterte und setzte hinzu: »Sei froh, daß ich nicht verhaftet worden bin, als Provokateur, der sich über die Devisenpolitik der DDR lustig macht.« Ich hatte einfach die Schecks verwechselt, das kommt davon, wenn man Spielgeld nicht von Spielgeld unterscheiden kann.

Die Kostproben vom Paradies sind uns einige Irrtümer wert gewesen. Das Werbefernsehen lief vor der Tagesschau. Wir hielten beides streng auseinander. Als hätte die Welt der Werbung nichts zu tun mit den wirklichen Ereignissen.

Hatte sie ja auch nicht. Das leichte Leben im Werbefernsehen berührte das wirkliche Leben nur an der Schnittstelle der Wünsche. Und doch wurde es für das wahre genommen. Es war einmal, da saßen wir mit Freunden an der Hallenbar eines Hotels in Rostock, tranken ein paar Cocktails und wurden ziemlich lustig. Wir kamen mit ein paar Zechern aus der Gegend ins Gespräch und ließen nach einer Weile durchsickern, daß unsere Freundin eine Berühmtheit aus dem Westen sei. Sie sei, so sagten wir, die Karin Sommer aus der Jacobs-Kaffee-Werbung »Karin Sommer und ihr wunderbarer Jacobs-Kaffee«. Sie sei in Rostock, um Werbeaufnahmen zu machen, das hier sei sie, leibhaftig, jawohl. Die treuherzigen Männer sahen verblüfft auf die Frau, die tatsächlich eine gewisse Ähnlichkeit mit der Werbefigur Karin Sommer hatte. »Die Zicke soll Karin Sommer von Jacobs-Kaffee sein?« fragte einer der im DDR-Jargon »Fischköppe« genannten Rostocker mißtrauisch. Sie wollten nicht glauben, daß eine solche Berühmtheit an ihrer Theke saß. Sie konnten nicht glauben, daß sich ein Engel zu ihnen herabgelassen hatte: Karin Sommer von Jacobs-Kaffee. Schließlich glaubten sie es doch und ließen sich Autogramme geben, von Karin Sommer, dem Phantom aus der Werbung. Unsere Freundin Gitti schrieb ihren Namenszug für jeden auf einen Bierdeckel, Karin Sommer, Karin Sommer, Karin Sommer. Karin Sommer und ihr wunderbarer Jacobs-Kaffee. So wurde ein Phantom Wirklichkeit.

Kaffee komplett

1977 kam die Kaffee-Krise über das Land. Die Weltmarktpreise waren derart in die Höhe geschossen, daß auch die Devisenabschöpfanlagen Intershop und Genex nicht mehr ausreichend Valutamark heranschaffen konnten. Die Kaffee-Importe mußten drastisch reduziert werden, Preiserhöhungen waren nicht zu vermeiden. Chefsache Kaffeebohne. Seit Jahren schon addierte das Politbüro, mit einem seltenen Sinn für Realität, die Kaffeemengen, die mit den privaten Paketen ins kaffeearme Land kamen, zum Ist ihrer offiziellen Bilanz, Kaffee ist Kaffee. Die Geschenke der Brüder und Schwestern im Westen für die Brüder und Schwestern im Osten als volkswirtschaftlicher Faktor. Zwischen zehn und fünfzehn Prozent der Kaffeeversorgung wurde von ihnen geliefert. Die Importe auf privater Basis würden ab jetzt lockerer noch als bisher zu handhaben sein. Ein Westdeutscher rechnete aus, daß er in vierzig Jahren DDR fünf Zentner Kaffee in den Osten geschafft hatte.

Die preiswerteren Kaffeesorten verschwanden aus den Geschäften. Die teuren Marken Mona und Rondo blieben. In Berlin, dem Schaufenster des Sozialismus, gab es weiterhin Mocca-Fix Gold, den ersten volkseigenen Kaffee, der vakuumverpackt war, in Goldpapier. Wenn man die Tüte öffnete, roch es aus Gründen der Chemie kurz nach Exkrementen, dann aber doch nach Kaffee; das Viertelpfund kostete acht Mark fünfundsiebzig. Und natürlich blieben uns die »Jacobs Krönung«-Büchsen im Delikatladen, das halbe Pfund für fünfundzwanzig Mark. »In Betrieben, Verwaltungen, Institutionen sowie für Repräsentationszwecke ist der Verbrauch von Kaffee generell zu untersagen«, so die harsche Weisung von oben. Gaststätten der niedrigen Preisstufen II und III sollten möglichst gar keinen Kaffee mehr anbieten, und wenn, dann die Krisen-Kreation Kaffee-Mix, »eine hochveredelte Mischung aus erlesenem Röstkaffee und fein abgestimmten Surrogaten«. Man sollte statt der obligatorischen sechs Komma fünf Gramm sogar nur fünf Gramm für eine Tasse verbrauchen, weil der Geschmack raffiniert verfeinert worden sei. Die Wahrheit: Der Mix schmeckte erbärmlich. Er bestand zu nur einundfünfzig Prozent aus Kaffee, der Rest setzte sich aus Zichorie, getrockneten Zuckerrüben, Malz, Erbsen, Roggen und

Gerste zusammen. Eine explosive Mischung, wie sich alsbald zeigen sollte. Ein Genosse hatte gewarnt: »Lieber Erich, ich befürchte Unzufriedenheit. Dein Albert Norden«. Kaffeemaschinen und Verbraucher explodierten gleichzeitig. Der »Kaffee-Boy« wehrte sich gegen die Fremdkörper, er war auf Bohnen eingestellt, nicht auf Erbsen, er streikte. Ja, er streikte.

Die Geduld des an Versorgungslücken gewöhnten Bürgers war an dieser Stelle zu Ende. Er wütete wie nie zuvor. Bis hierher und nicht weiter. Basta. Die Kaffeekanne wurde zur Bastion. Bohnenkaffee war ein Mythos, ein Ritus, ein Genuß vor allen anderen. Wir erinnern uns, wie unsere Mütter wegen einer einzigen Kaffeebohne unterm Küchenbuffet rumgekrochen waren. Wie sie beglückt den Kaffee aus der Sammeltasse geschlürft hatten, in der sie die halbe Stunde Trost für alle Unbill der Welt suchten und fanden. Die Kaffeepause war heilig. Die Tasse Kaffee mit dem Kollegen, dem Genossen, der Freundin, mit dem Mechaniker aus der Autowerkstatt und dem Handwerker, der einem die neue West-Armatur über der Badewanne installieren sollte, bildete das Fundament aller Kommunikation. Einen Kaffee komplett bitte! Nichts mehr war komplett. Diese Lorke, sie nannten sie »Erichs Krönung«, diese Beleidigung des guten Geschmacks. Es hagelte Eingaben. »Ich leide nach dem Genuß von Kaffee-Mix an sexueller Niedergeschlagenheit«, teilte ein aufgebrachter Bürger der Parteiführung mit. Ein anderer behauptete, daß Kaffee-Mix Magenschmerzen verursache. Niemand kaufte die Mangel-Mischung, die Produktion von Kaffee-Mix wurde eingestellt. Es war das einzige Mal, daß so was wie ein Marktprinzip funktionierte.

Das Politbüro zitterte: Den Bürgern schmeckt der Kaffee nicht. Hastige Verhandlungen mit Äthiopien und Angola begannen. Munition und Stahlhelme wurden gegen Kaffee getauscht, wie schon in den Sechzigern Traktoren für Kaffeebohnen nach Brasilien gegangen waren. Die besorgten Genossen überredeten die Vietnamesen, Kaffeeplantagen anzulegen. Sie brachten erst Erträge, als die Republik der Kaffeetrinker längst dahin war.

Luxus pur

Zwei Schritte vor, einen zurück, das Leninsche Prinzip der Entwicklung. Die Kaffee-Krise war ein Schritt zurück. Erich, der Wohltäter aus Wiebelskirchen, gönnte seinen Werktätigen ihre Tasse echten Bohnenkaffee von ganzem Herzen. Er hatte ihnen doch schon viel mehr gegönnt. Das Nobelhotel Neptun in Warnemünde war so eine Wohltat. In dem weißen Riesen am Meer – alle Zimmer mit Seeblick – verbrachten die besten Werktätigen aus Großbetrieben ihre Ferien. Das kostete sie für vierzehn Tage samt Kost, Logis und allem Komfort des Hauses – Sauna, Swimmingpool, Solarium, Fitness-Halle und Meeresbrandungsbad – dreihundertundzehn Mark der Deutschen Notenbank, für ihre Kinder zahlten sie dreißig. Das war mal ein anderer FDGB-Urlaub als der in den oftmals derangierten Ostsee-Ferienheimen, wo man sich in drei Durchgängen zur Gemeinschaftsverpflegung in die Schlange stellte. Der Gerechtigkeit halber muß erwähnt werden, daß diese Art Urlaub nur fünfunddreißig Mark all inclusive kostete.

Das Neptun aber war purer Luxus. Gegen Devisen von Schweden gebaut, sollte es ursprünglich ein reines Ausländerhotel werden, so hatte Ulbricht sich das gedacht. Die besten Kellner und Köche waren dort »auf die absolute Luxus-Show« für Gäste aus dem »nichtsozialistischen Währungsgebiet« vorbereitet worden. Und dann das: Im September 1971 verkündete das Politbüro, daß die schönsten Hotels der Republik dem FDGB zur Nutzung übergeben würden. Eine der großen Gesten des Gönners Erich

Honecker, geradezu revolutionär: die Proletarier im Luxushotel! Honecker muß sich gefühlt haben wie in heroischer Zeit, als ruchbar wurde, unterm Sowjetstern würden Gotteshäuser zu Pferdeställen umfunktioniert! Im Neptun, nun volkeseigen, wohnten achtzig Prozent FDGB-Urlauber und zwanzig Prozent Devisen-Gäste aus dem kapitalistischen Ausland – die Tennisspieler in ihren Lacoste-Shirts konnten sehen, daß die kleinen Leute im Arbeiter-und-Bauern-Staat lebten wie die Fürsten.

Herr W., der Hoteldirektor, stellte sich auf die veränderten Verhältnisse ein und nahm sich jetzt nichts Ehrgeizigeres vor, als zu beweisen, daß Dienstleistung möglich ist, auch in einem Hotel, das überwiegend von einfachen Menschen genutzt wird. Er wollte der Arbeiterklasse Eßkultur beibringen, ihr den Genuß von Service erschließen. Seine HO-Kellner hielt er – ungewöhnlich genug in der gastronomischen Lotterwirtschaft – fest im Griff zwischen Kontrolle und Belohnung. Er hob die noch übliche Trennung zwischen Schwarz und Weiß auf, zwischen Kellner und Koch, Konditorin und Serviererin. Er schickte die Köche ins Restaurant, die Eiskonditorinnen durften ihre Eisbecher persönlich an die Tische bringen. W. führte seinen Gästen vor, was es heißt, sich gesund zu ernähren, ließ ihnen von den Zimmermädchen Zahnbürsten in die Badezimmer stellen, falls einer, aus welchen Gründen auch immer, keine mitgebracht hatte. Und untersagte ihnen, in Bademantel und Latschen durch die Hotelhalle zu schlurfen. Die Gäste waren dankbar. Für den Luxus, das gute Essen, den Service. »Heute müssen Sie im Handstand durchs Restaurant laufen und mit den Zehen wackeln, bis einer Dankeschön sagt«, sagt Herr W., er muß es wissen, er war Hoteldirektor des Neptun vor fünfunddreißig Jahren und ist es noch heute.

Zu jener Zeit war das Übergewicht der Beutelbürger bereits beträchtlich. Zwanzig Prozent der Männer und vierzig Prozent der Frauen wogen zuviel. Das Zentralinstitut für Ernährung hatte ausgerechnet, daß in der Republik »84 500 Tonnen überschüssiges Fett auf zwei Beinen« rumlief. Seit Jahrzehnten mühten sich die Wissenschaftler um die gesunde Ernährung ihrer Landsleute, stellten Pläne für die Gemeinschaftsverpflegung auf, rechneten Kalorien und Vitamine für Werkessen und Schulspeisung aus und entwickelten eintausendsechshundert Richtrezepte für Gemeinschaftsküchen. Sie brachten Diätprodukte unter dem Namen ON – Optimale Nahrung in den Handel. Vergebens, Essen und Trinken blieben der Lebensmittelpunkt des DDR-Menschen, sein »idealer Lebenszweck war Borstenvieh und Schweinespeck«. Jeder vierte war übergewichtig, der Kalorienbedarf wurde um dreiunddreißig Prozent überschritten, von »Selbstmord mit Messer und Gabel« war die Rede, es half alles nichts, Essen streichelte Leib und Seele.

1974, drei Jahre nach Eröffnung des Neptun, hatte ich mit Hoteldirektor W., einem energischen, blondlockigen Typ um die Dreißig, ein Interview geführt. Es mache, sagte er damals, einfach mehr Spaß, wenn man Gäste bediene, die nicht nur ein Kotelett oder ein Schnitzel wollten, sondern phantasievolle Vorspeisen, gute Nachspeisen, lustige Hauptgerichte, auch Eintöpfe und einfache Fischgerichte. »Wir wechseln täglich die Karten für die Urlauber, sie haben die Möglichkeit, laufend an Spezialitätenbuffets teilzunehmen, englisch, schwedisch, asiatisch, russisch.«

W. hatte sich fest vorgenommen, seinen Teil zur Bildung und Erziehung der sozialistischen Persönlichkeit beizutragen. Ein großes Problem sei das Gewicht, sagte er schon damals. »Es ist furchtbar, sonnabends und sonntags essen die Sachsen fünfzehn bis sechzehn Torten zum Frühstück. Ich finde das unmöglich, aber gut, wir können nicht die Torten vom Frühstücksbuffet nehmen. Unsere Kellner versuchen, auf die Damen und Herren einen bestimmten

Einfluß zu nehmen. Nicht, indem sie sich mokieren: ›Nun hören Sie mal‹, aber sie sagen: ›Wollen Sie nicht mal versuchen, wir haben Joghurt mit Früchten, oder ein Omelett oder einen Auflauf.‹ Man will ja niemanden beleidigen, aber einige, finde ich, muß man auch ein bißchen schockieren. Ich meine die, die sich krank fressen. Wir haben bei uns im Hotel genügend Salate, Fisch, Wild, Käse. Ich hoffe«, beschloß der Direktor seine Ausführungen, »Sie haben auch unter meinen Mitarbeitern nicht allzu viele Dicke gefunden, weil wir da aufpassen. Wir zwingen sie, regelmäßig in die Sauna und schwimmen zu gehen. Weil ja unsere ganze Agitation hin ist, wenn da fünfzig solche Maschinen durchs Restaurant walzen, wir haben nicht mal dicke Köche.«

Auch vor den Restaurants des Neptun mußte man Schlange stehen, wenn man nicht Hotelgast war, und wie sollte ich. Weder war ich Bestarbeiterin in einem Großbetrieb, noch verfügte ich über Devisen. Also reihte ich mich ein in die Einheitsfront der Genußsüchtigen, mit Mann und Maus. Wenn man drin war, war alles gut. Spitzengastronomie zu Durchschnittspreisen, und die waren niedrig, vermutlich zu niedrig. Ich erinnere mich an Körbe mit frisch geräuchertem Fisch für sechs oder sieben Mark. An Servierwagen, voll mit gesunden Quarkspeisen und bunten Obstsalaten für eine oder zwei Mark. An kühle weiße Meißen-Weine und den in Sommernächten aufgezogenen Himmel über der »Sky-Bar«. War doch nicht alles schlecht? Die DDR war ein Sonntagsstaat. Ihre Stärke war die Ausnahme, ihre Schwäche der Alltag. Ihr fehlte die Mitte. In allem. Sie konnte immer nur zitieren, was gemeint war, und auch das nur mit größter Anstrengung. Anlauf nehmen und das Ziel verfehlen. Pläne aufstellen und sie nicht erfüllen. Versprechungen machen, ohne sie einzuhalten. Versteinerte Träume alter Männer.

Der Schlachtplan

Die Inanspruchnahme der Gastronomie ist eine ewige Bewährungsprobe gewesen, das weiß jeder, der öfter mal ein Restaurant aufsuchte. Die einfachen Kneipen mit ihrem Knacker/Brot-, Bockwurst/Brot- oder Bockwurst/Salat-Angebot, sie ließen sich noch ertragen, da erwartete man nichts; der Wirt war meistens schlecht gelaunt, das gehörte zum Stil. Aber all die Mittelmuff-HO-Gaststätten mit ihrem beigefarbenen Wohnzimmerpolstergestühl, ihrem fahrlässigen Essen, ihrer gleichgültigen Bedienung. Die vorwiegend in Braun gehaltenen Interhotel-Restaurants, in denen arrogantes Personal normale Leute mit der affektierten Frage schreckte: »Möchten die Herrschaften speisen?« Wo »aus Gründen des Niveaus« Bier nur zusammen mit Sekt ausgeschenkt wurde, ein Koppelgeschäft, das sich Herrengedeck nannte; ich trinke die Mixtur heute noch gern, sie nimmt dem Bier die Abgeklärtheit und dem Sekt das Übertriebene.

Und diese auf Rennsteig gequälten Stuben im Thüringer Stil, holzgetäfelt und kleinkariert. Weinstuben, Bierstuben, Broilerstuben, Jägerstuben, Wildstuben, Krustastuben, Bauernstuben, Kaffeestuben. Stube – das setzte auf Häuslichkeit, beschwor Gemütlichkeit. Leider wurde es öfter ungemütlich. Und doch suchte ich sie immer wieder auf, die Kneipen, die Stuben, die Interhotels, die kleinen Privatlokale der Kommissionäre, ich liebte Restaurants. Vermutlich war ich so etwas wie eine Gastro-Abhängige.

Wir gingen nach einem Schlachtplan vor, wenn wir ein Lokal zu unserem Lokal machen wollten. Es war ein Eroberungsplan auf philosophischer Grundlage, ein Plan, der Dialektik und Demut gleichermaßen erforderte. Er verlief in drei Phasen. Die erste bestand in bedingungsloser Unterwerfung. Wir ordnen uns ganz den Bedürfnissen des Kellners unter und begeben uns in die Position seiner

Bewunderer: »Wir wissen, wie schwer Sie es haben, Sie kommen ja kaum zum Luftholen vor lauter Arbeit, der Personalmangel, der Personalmangel, haben Sie denn heute schon Pause gemacht? Wir haben Zeit, wir können warten, Sie sind es, der hier hart arbeiten muß. Wir warten gern, bis Sie dazu kommen, uns die Karte zu bringen. Danke, danke, vielen herzlichen Dank, Sie sind so freundlich, wo Sie es doch gar nicht nötig hätten, uns zu bedienen.« Am Ende gaben wir ein gutes Trinkgeld, zehn Prozent waren üblich, also fünfzehn.

Beim nächsten und übernächsten Besuch des Restaurants traten wir in die zweite Phase ein: Wiederherstellung der Gleichberechtigung zwischen Gast und Kellner. Wir lassen weiterhin keinen Zweifel daran, daß wir vollstes Verständnis für seine Lage haben, er muß rennen, während wir faul am Tisch sitzen. Wir deuten aber an, daß wir auch Menschen sind. Wir wollen nicht was Besseres sein als er, Gott bewahre, aber doch gleichwertig. Wir verkumpeln uns mit dem Kellner – gleiche Brüder, gleiche Kappen –, wir haben's alle schwer. Wir erzählen ihm öfter mal einen DDR-Witz: »Über Kuba lacht die Sonne, über uns die ganze Welt.« Während der folgenden Besuche führten wir behutsam Phase drei ein: Wiederherstellung der Distanz zwischen uns und dem Kellner. Wir sind Gäste, unser gutes Recht ist, daß er uns bedient. Die Bruderschaft wird aufgehoben, doch, doch, wir sind was Besseres; warum sollte der sozialistische Kellner seinesgleichen bedienen. Wofür hätte er das alles gelernt, wenn der Gast es nicht schätzen könnte – französischer Service, englischer Service, russischer Service. Filettieren, Tranchieren, Flambieren, Dekantieren und Diplomaten mit »Exzellenz« titulieren. Wir geben zu verstehen, daß auch wir einiges von feinem Benehmen verstehen.

Von nun an kam er uns entgegen, wenn wir das Restaurant betraten, nahm das »Reserviert«-Schild vom Tisch und offerierte lächelnd die Sonderangebote. Wenn Mitternachtssteak, die Spezialität des Hauses, ein doppeltes Filetsteak mit Knoblauch, nicht auf der Karte stand, für besondere Gäste aber dennoch zu haben war, oder Wachteleier Cavalcante oder der französische Rotwein »Châteauneuf du pape – Réserve du commandeur«, sagte er Bescheid. Er war froh, daß er uns bedienen durfte, und wir, daß er es tat. Pionierarbeit beendet, Feld sondiert. Jetzt war unser Lokal so weit, daß wir Westbesuch hinführen konnten, um uns für die mitgebrachten Früchtejoghurts und Pampers zu revanchieren. Der Besuch aus Köln und Charlottenburg würdigte den Geschmack und das Niveau des Lokals, besonders beeindruckt war er von den Preisen: »Und so billig!«

Wer bekommt Gulasch mit Rotkohl?

Dokument und Gedächtnis, beides ist überliefert. Zunächst das Dokument. 1974 standen auf der Speisekarte des »International« in Dresden folgende Gerichte zur Auswahl:

Hackbraten mit Letscho und Pommes Frites	3,80 M
Rostbratwurst mit Sauerkraut und Kartoffeln	3,45 M
Sauerbraten mit Klößen und Paprikasalat	4,85 M
Kaninchenpfeffer mit Pommes Frites, Apfelmus	4,00 M
Hühnerfrikassee m. Risotto, Blumenkohl u. Fleurons	4,80 M
Ente ausgelöst, gebackene Früchte, Pommes Frites	5,90 M

Warme Küche v. 15–17 Uhr geschlossen

Liest sich nicht schlecht. Vielleicht war es auch nicht schlecht, 1974 im International in Dresden, falls man nicht gerade um vierzehn Uhr fünfzig etwas zu essen bestellen wollte. Vielleicht war es sogar gut. Man kam rein, durfte

Platz nehmen, nirgends »Reserviert«-Schilder oder solche, auf denen geschrieben stand: »An diesem Tisch erfolgt zur Zeit keine Bedienung.« Man durfte, falls man in Gesellschaft war, einen Stuhl ranrücken oder sogar zwei Tische zusammenschieben, ohne daß der Kellner die ungeheuerliche Aktion schroff untersagte. Vielleicht waren die ausgelöste Ente mit gebackenen Früchten für fünfneunzig saftig und die Pommes frites knusprig. Im kollektiven Gedächtnis haben sich andere Eindrücke festgesetzt. Über ihre gastronomischen Abenteuer während eines Urlaubs in der Sächsischen Schweiz berichtet in schöner Detailtreue eine Dame im Internet:

An einem schönen Sommernachmittag hatte sie in einer Freiluftgaststätte unter Sonnenschirmen Platz genommen. Sie wollte Kaffee trinken. Nach geraumer Weile kam der verschwitzte Ober an den Tisch und belehrte sie, daß im Garten nicht bedient werde. Sie solle sich gefälligst ins Lokal bemühen. »Und das bei dem herrlichen Sonnenwetter!« seufzte die Urlauberin. Es sei öfter vorgekommen, daß die Kondensmilch den ganzen Tag auf den Tischen gestanden hatte und sauer war. Nicht selten hätte man den Ober um die Speisekarte bitten müssen und sie sich schließlich selber geholt, von einem Nachbartisch. Sogar Besteck hätte gefehlt. Ein Kompott aus halben Birnen hätte sie mit einem Plastelöffel zerteilen müssen, der dabei zerbrach. Angst gehabt habe sie, daß der Kellner den Schaden bemerken und sie dafür zur Rede stellen würde, heimlich begrub sie den zerbrochenen Löffel unter Schlagsahne und fühlte sich kleinkriminell.

Mit Abscheu dachte die Frau an das idyllische Städtchen Wehlen. Am Markt sei eine Speisegaststätte gewesen. Man habe erst vorm Haus angestanden, dann im Hausflur, bis man schließlich plaziert worden sei: »Saß man endlich, war meist der Tisch nicht abgeräumt. Zu allen Speisen gab es Rohkostsalat.« Auch sei es üblich gewesen, zu allen möglichen und unmöglichen Gerichten Pommes frites zu reichen. Kartoffelschälen sei nicht beliebt gewesen, mangels Personal. Teilweise seien maschinell geschälte Kartoffeln in riesigen Plastesäcken angeliefert worden. Nach dem Kochen bildeten sich infolge einer speziellen Behandlung im Säurebad weiße Schaumreste an den Kartoffeln, die man dann auf seinem Teller vorfand. Oft hätte die Bedienung nicht gewußt, an welchen Tisch das Essen sollte, und laut durchs Lokal geschrien: »Wer bekommt Gulasch mit Rotkohl?« Hätte ein später eingetroffener Gast »Hier!« gerufen, weil es ihm gleich war, was es gab, Hauptsache, eine Mahlzeit, hätten die Besteller vergeblich gewartet, meinte die Dame.

Was haben wir flambiert!

Seht her, so ist es gemeint! – der Palast der Republik war ein monumentales Zitat. Hier war alles, wie es sein sollte. Der Arbeiter im Sonntagsstaat. Auf dem Territorium des Volkspalastes war die Idee zur materiellen Gewalt, das Ideal vom Arbeiter-und-Bauern-Staat Wirklichkeit geworden. Täglich kehrten zwischen sechs- und zehntausend Gäste im Palast ein. Hier fanden großartige Olympiabälle, ruhmreiche Parteitage, langweilige Volkskammersitzungen und die 750-Jahr-Feier von Berlin statt. Das Haus des Volkes ist das teuerste Bauwerk in der Geschichte der Republik gewesen, eine gigantische Gönnergeste. Nicht nur der Bau kostete ein Wahnsinnsgeld, auch sein Unterhalt. Das Wort Mangelware existierte dort nicht. Es gab Südfrüchte, Saale-Unstrut-Weine, Schweinefilets, Tomaten, Bananen und Wernesgrüner Bier. Es gab freundliche Kellner, niedrige Preise, genügend Telefone und den Frühlingsball »Knospenknall«. Alle Blütenträume waren gereift. Unter künstlicher Sonne. Der Palast war ein Geschenk des schlechten Gewissens. Der Ausgleich für Intershops, Delikat-Läden,

Genex-Unternehmen und die Mauer. Es war, wie wenn ein Mann seiner betrogenen Frau zum Geburtstag einen viel zu teuren Brillantring überreicht, ein Ablaßhandel.

»Im Winter blühte ein Kirschbaum im Foyer«, erinnert sich Herr A., einst Oberkellner im Palast der Republik, heute als Vertreter für eine französische Weinfirma unterwegs. Er wurde mir von einem seiner Kollegen empfohlen, der eine hohe Position in einem berühmten Berliner Restaurant innehat und nicht so gern öffentlich über alte Zeiten im Palast reden möchte, die, wie er sagt, seine schönsten waren: »Sprechen Sie lieber mit Herrn A.!«

Herr A. ist um die Fünfzig, eine rotblonde Frohnatur. Er trägt einen dezenten, dreiteiligen grauen Anzug, die Körpersprache der Dienstleistung bestimmt seine Gesten und Bewegungen. Ich kann ihn mir augenblicklich im Empfangsbereich eines gehobenen Restaurants vorstellen, ich rieche Steak au four und durchlebe noch einmal jene nervtötende Ungewißheit: Gibt er mir einen Platz oder nicht? Sehe ich aus wie ein Gast, den er bereit ist zu bedienen? Oder schickt er mich weg ohne Bedauern? Jedesmal stand man vor dem Kellner wie ein Prüfling. Als müßte man erst sein Examen als Gast ablegen, bevor man bedient wird.

Als Kind Thüringer Gastronomen »hinterm Tresen geboren«, hat Herr A. im Weimarer »Hotel Elephant« Kellner gelernt und in Apolda, der Stadt der Strickmoden, sein Praktikum absolviert. »Apolda war damals eine wohlhabende Stadt«, sagt A., »in jedem dritten Haus eine Strickerei, da lebten viele Reiche, bis 1972 ist dort alles in privater Hand gewesen.« Die Reichen gaben eine Menge Geld aus in den Gaststätten, das »Hotel Adler«, wo A. arbeitete, hatte Preisstufe S, mit Varieté und intimem Programm, alles vorbestellt. »Als Kellner war man bekannt, die Leute wollten einen kennen, man hatte Privilegien.« Ein Kellner, sagt Herr A., hätte nie Probleme mit dem Auto gehabt oder mit den Fliesen im Badezimmer. Die Gastronomie wurde besser beliefert als der allgemeine Handel, also verfügten die Kellner über Tauschobjekte, ungarische Salami, Rinderfilet und Schweinelendchen, und sie konnten Plätze reservieren. Viele der älteren Kellner waren geschickt im »Betuppen«, sie machten ordentlich Geld und fuhren dicke Autos.

1977 ist Herr A. in den Palast der Republik delegiert worden, »man nahm dort nur die Besten«, betont er, »die, die noch Ideale hatten«. Mit Anfang Zwanzig war er Chef von zwei Dutzend jungen Serviererinnen. Später hat er als Oberkellner in der Weinstube des Palasts unten an der Spree gearbeitet, da, wo die Schiffe vorbeifuhren. Spätestens jetzt weiß ich, daß Herr A. mir überall einen Platz gegeben hätte, er gehörte zu der seltenen Sorte Kellner, die ihre Gäste tatsächlich bedienen wollten. Ich war einige Male in den »Schinkelstuben«, wie das Weinrestaurant wegen seiner schmiedeeisernen Möbel im Stil des preußischen Baumeisters hieß. Wir haben dort – seltsam genug – immer Platz bekommen, was, wie ich nun weiß, Herrn A. zu verdanken ist sowie der Direktive, daß niemand unzufrieden den Palast des Volkes verlassen sollte. Wie im Neptun bekam man auch im Palast Meißen-Weine und Schweinemedaillons mit Kroketten und Kräuterbutter.

»Im Palast wurde nach klassischem französischem Service gearbeitet«, entsinnt sich A., »wir haben vorgelegt, von der Silberplatte, wir haben das Tatar am Tisch zubereitet. Alles frisch, nichts Aufgewärmtes, nichts Aufgetautes, die Fertiggericht-Industrie war noch nicht soweit. Alles wurde sofort verarbeitet, saisonal. Und was haben wir flambiert!« Er denkt dabei an einen Abend, an dem er und seine Kollegen zweiundvierzigmal einen Rinderfiletspieß mit Wilthener Weinbrand am Tisch flambierten. Flambieren war große Mode, es paßte zu der Lust auf Luxus. Geborgter Wohlstand, Fettlebe – wer mehr wollte vom Sozialismus, wurde ausgebürgert wie Wolf Biermann oder ging freiwillig wie Jurek Becker, Manfred Krug, Angelica Domröse, Hilmar Thate, Armin Mueller-Stahl und irgendwann auch unsere Nachbarn. Wer blieb und es sich leisten konnte, wärmte sich an den Flämmchen, die in den Restaurants der Preisstufe S über Obstsalaten, Filetsteaks, Enten, Hähnchen und Irish coffees tanzten. Flambieren war ein Spiel mit dem Feuer ohne Risiko, die dankbaren Gäste gaben großzügige Trinkgelder. Heute, meint Herr A., könne sich den aufwendigen französischen Service keiner mehr leisten, es dominiere der fertige Teller. Der Tellerservice spare Fachkräfte, einen Teller hübsch garnieren könnten auch Studenten und Gelegenheitskräfte. Während ich den Oberkellner reden höre, wird mir klar, wie groß die Kluft zwischen Spitzengastronomie und Massenabfertigung gewesen ist. Es fehlte die Mitte, groteskerweise. Der größte Raum, das Feld zwischen Spitze und Masse, war leer, Vakuum. Der Palast der Republik war der Versuch, dieses Manko auszugleichen und das riskante Vakuum zu füllen.

Später wirkte Herr A. als Oberkellner in der »Klause« des Palastes. Mitarbeiter der Staatssicherheit, die auf Decknamen reservierten, Funktionäre, Fernsehlieblinge, bekannte Sportler und gewöhnliche Hausgemeinschaften konnten sich in der Klause anmelden und dort essen und tanzen, die Musikanlage hatte Devisenbeschaffer Schalck-Golodkowski aus dem Westen besorgt. Einige Male bediente Herr A. den Staatsratsvorsitzenden, der ließ sich fast immer die vom Fleischer des Palastes hausgemachte Bockwurst bringen. Nach der Wende hatte sich Oberkellner A., ausgestattet mit einem Serviermeisterdiplom und drei Goldmedaillen von der »Gastroprag«, bei Kempinski als Oberkellner beworben. Als einfacher Kellner hätte er anfangen dürfen, wie mit neunzehn in Apolda. Da vertritt er lieber die Weinfirma im Elsaß und lobt die Franzosen: »Die fahren zwar nicht so dicke Autos und haben nicht so schicke Wohnungen wie die Deutschen, aber die gehen noch groß essen und meckern nicht so viel.« Das Lieblingsessen des Oberkellners ist Thüringer Wickelkloß mit Geflügelkeule und Petersiliensauce, so wie seine Mutter ihn machte.

Thüringer Wickelklöße

1 kg gekochte Kartoffeln, 1 Achtel l Milch, 3 Eier, Salz, 250 g Mehl, 65 g Butter oder Margarine, 125 g Semmelbrösel. Die geriebenen Kartoffeln locker mit Milch, Eiern, Salz und Mehl zu einem festen Teig verarbeiten und ausrollen. Mit Semmelbröseln bestreuen. Die Teigplatte zusammenrollen. In fingerlange Stücke schneiden, die Ränder, mögl. mit Eiweiß bestrichen, etwas festdrücken und die Klöße in leise siedendem Salzwasser etwa 12 Minuten kochen lassen. Als Beilage zu Fleisch oder, mit gebräunter Butter übergossen, mit Kompott auftragen.

Himmel und Erde

Im Grunde aßen wir in schöner Eintracht alle dasselbe. Ein Volk, ein Topf – Eintopf. Die regionalen Eigenheiten sind nicht besonders ausgeprägt gewesen in dem kleinen, gleichen Land, vielleicht haben sie vor den Versorgungsengpässen kapituliert oder wurden als separatistische Bestrebungen mißdeutet. In den Kochtöpfen der Familien allerdings haben Königsberger Klopse, Himmel und Erde oder Schlesisches Himmelreich überlebt. Allein die Thüringer Klöße ragten erhaben aus der flachen Küchen-Ebene, ein Streitobjekt: Welche sind die echten, die wahren Thüringer Klöße, die mit oder die ohne Grießmasse, die mit oder die ohne Majoran? Das Thüringische schien mir souveräner zubereitet als das Berlinische oder das Mecklenburgische,

Thüringen war das Schlemmerland der Republik. Die Thüringer Bratwurst vom Holzkohlegrill, kräftig gewürzt mit Pfeffer, Muskat und Kümmel, schmeckte charakteristischer als die allgemeine Bratwurst, die vorwiegend auf Weihnachtsmärkten und bei Volksfesten auftauchte, außer sie war wieder mal knapp, dann durfte das Wort Bratwurst in keiner Zeitung und in keiner Fernsehsendung vorkommen.

Zuverlässig schmackhaft ist das Rostbrätel gewesen, ein mariniertes Schweinekammstück, auf dem Rost gegrillt, mit Köstritzer Schwarzbier beträufelt, dazu reichlich geröstete Zwiebeln und Kartoffelsalat. Oder das Holzfällersteak – gegrillter Schweinekamm, Leber, Zwiebeln, Würstchen und Speck, Portionen zum Bäumeausreißen. Den Thüringer Topfbraten aus gekochter Schweineschnauze, Schweinsohren, Herz und Nieren, abgeschmeckt mit Pflaumenmus und geriebenem Saucenlebkuchen, habe ich nie probiert. Aber die Thüringer Wurst, die schmeckte unverwechselbar, keine Konfektionsware, sondern maßgeschneiderter Genuß. Aus dem Harz kannte man Harzer Käse und Nordhäuser Doppelkorn, den glasklaren Branntwein, der hochprozentig über die Bezirksgrenzen hinweg wirkte. Aus dem Spreewald Gurken in Meerrettichsauce und Grützwurst, wobei man letztere auch in Berlin oder Leipzig bekam, wo sie Blutwurst hieß. Aus der Gegend um Halle und Naumburg kamen nicht nur die süßen Halloren-Kugeln, sondern auch die seltenen Saale-Unstrut-Weine. Aus Freyburg der Rotkäppchen-Sekt, ausnahmsweise ein Ost-Produkt, das nicht nur geschluckt wurde, sondern nach der Wende auch selber schluckte, nämlich die West-Firma Mumm.

Ich habe gelesen, daß man in Naumburg gern Hammelbraten aß und Weißkohleintopf mit Schweinebauch, erlebt habe ich es nicht. Mitte der Siebziger war ich dort im Urlaub und wußte noch nicht, daß die Gegend es mit der Toskana hätte aufnehmen können, eine sanfte Landschaft mit anmutiger Silhouette und gutmütigen Weinbergen. Doch dann die Zurückweisung: runtergelassene Jalousien, geschlossene Restaurants. Keine lauschige Weinlaube, nicht eine einzige. Kein Ort nirgends. Sächsisches Zwiebelfleisch aus Dickbein und Schmalz habe ich nicht gekostet, auch nicht erzgebirgischen Sonntagsbraten, weil der ein Kaninchen zur Grundlage hat, und das Leipziger Allerlei aus Mohrrüben, Erbsen und Spargelstücken schwamm meist in allzu mehliger Sauce. Dann lieber das Braumeistersteak, ein mit Käse und Schinken gefülltes dickes Schweineschnitzel.

Die Sachsen buken wunderbare Eierschecken, Lerchen und Quarkkeulchen. Und natürlich Dresdner Stollen, die reichhaltige Revanche für jedes Weihnachtswestpaket. Einen Stollen selber zu backen erforderte Hingabe und Zeit, die hatten wir ja, man sieht es am ausführlichen Rezept:

Sächsischer Weihnachtsstollen

1000 g Mehl, 120 g Hefe, ein Viertel l Milch, 500 g Rosinen, 400 g Zitronat, 500 g Butter, 375 g süße Mandeln, 75 g bittere Mandeln, 250 g Zucker, 2 Päckchen Vanillinzucker, Zitronenaroma, ein Achtel l Rum, 1 Messerspitze Muskat, Salz

Die Rosinen am Vortag sauber auslesen, waschen, 1 Stunde mit kaltem Wasser bedeckt stehenlassen, nach und nach mit Rum beträufeln, dabei das Gefäß mit den Rosinen immer abdecken, damit keine Geruchs- und Geschmacksstoffe verlorengehen. Aus der zerbröckelten Hefe, etwa einem Viertel l lauwarmer Milch und dem gesiebten Mehl einen Vorteig bereiten und 15 Minuten an einem zugfreien, aber nicht zu warmen Ort gehen lassen. Die Hälfte der Butter, gut geschmeidig gerührt, die zur Hälfte grob geraspelten, zur Hälfte feingeriebenen süßen

Mandeln, die bitteren Mandeln, das gewürfelte Zitronat, Zucker und Vanillinzucker, Zitronenaroma, etwas Salz und Muskat unterkneten. Die vorbereiteten Rosinen zusammen mit der zweiten Hälfte der geschmeidigen Butter zum Schluß unter den Teig wirken. Das Ganze nochmals gehen lassen und dann wieder zusammenwirken. Aus der angegebenen Menge lassen sich zwei schöne Stollen herstellen. Die Stollen länglich oval formen, in der Mitte längs etwas einkerben, auf einem gebutterten, leicht bemehlten Backblech nochmals etwa 30 Minuten gehen lassen und dann bei kräftiger Mittelhitze backen. Den Stollen abkühlen lassen, gut mit zerlassener Butter einstreichen, mit Zucker und Vanillinzucker bestreuen, nochmals mit Butter beträufeln und dick mit Puderzucker bestreuen.

»Das Schwere und Massenhafte, nicht das Leckere und Zarte!« – was man von der mecklenburgische Küche behauptete, traf die des ganzen Landes, Hausmannskost war das Programm. Es kam der Fleischlage entgegen. Hackfleisch, Schweinekamm, Schweineschuft, Schweineschnauze, Schweinepfötchen, Dickbein und Kniebein. Die deftig-einfache Küche entsprach den volkstümlichen Eßgewohnheiten der Bürger und ihrem Bedürfnis nach großen Portionen. Mir fällt es noch heute schwer, mich für ein Ratatouille zu entscheiden, wenn auch Blutwurst mit Sauerkohl und Salzkartoffeln auf der Karte steht.

Marlene Dietrich, ihres Zeichens Vamp, hohlwangig und welterfahren, nannte als Lieblingsgericht stets Eisbein mit Erbspüree und Sauerkohl. Auch Kant und Klopstock sollen das Eisbein geschätzt haben, während Goethe sich Teltower Rübchen nach Weimar kommen ließ und Fontane gegarte Kalbsbrust mit grünen Stachelbeeren bevorzugte.

Die Region Berlin positionierte sich mit Hackepeter, Buletten, Sülze, Kaßler, Bratheringen, Rollmöpsen, Soleiern, Knackern und Bockwurst eindeutig proletarisch. Kartoffelsuppe und Löffelerbsen untermauerten den Arbeiter-und-Bauern-Geschmack. Berlin als der Hauptstadt der Deutschen Demokratischen Republik billigten die Genossen noch am ehesten eine regionale Küche zu. Linsensuppe, Kartoffelsalat, Klopse und Gänsebraten. »Jänsebraten ist 'n schönet Essen, ick selber hab noch keen jejessen, aber mein Freund, der hat mal neben een jesessen, und der sah een andern Jänsebraten essen.« Nicht zuletzt wegen derart volksverbundener Sprüche durfte Berlin sich früher als die anderen Bezirke mit regionalen Spezialitäten dicketun.

In den großen Kochbüchern, ediert vom Leipziger Verlag für die Frau, von »Wir kochen gut« über »Kochen« bis »Kochkunst«, werden regionale Besonderheiten kaum hervorgehoben. Da kommt mal ein Rostocker Fischtopf vor oder eine Entensuppe Mecklenburger Art, eine erzgebirgische Rindsroulade und ein Berliner Hühnerfrikassee, doch sind die regionalen Zuweisungen höchst selten – die Tradition wiederzubeleben ist erst in den Achtzigern versucht worden, mit bescheidenen Erfolgen.

Pizza im Quadrat

Die Bockwurst wurde in Berlin erfunden. Vor hundert Jahren vom Fleischermeister Löwenthal, der sein Geschäft in der Friedrichstraße, Ecke Krausenstraße hatte. Er brachte den Studenten, die beim Bockbierfest zechten, Würste, die sie in die Lage versetzten, noch mehr Bockbier zu trinken. Zum Bockbier die Bockwurst. Sie bildete die Grundlage der spartanischen Kioskkultur zwischen Rostock und Suhl, Neubrandenburg und Leipzig; manchmal lag die Wurst zum Warmmachen in einer WM 66, einer Waschmaschine. In späteren Jahren wurden der Bockwurst die Bratwurst, die Currywurst und der Broiler an die Seite gestellt, die »gastronomische Schnellversorgung« machte Fortschritte.

Wenn etwas eine Spur heller schien als der graue Standard, strahlte der Hoffnungsschimmer weit über das Land. Ein Licht in der Dämmerung war die Wurstbude »Konnopke« unter der Hochbahn in der Berliner Schönhauser Allee. Morgens um halb fünf öffnete Waltraud Ziervogel, die Tochter des Gründers Max Konnopke, ihr Geschäft, was für DDR-Verhältnisse sensationell war, ein HO-Angestellter hätte sich dieser Anstrengung nicht ausgesetzt. Das Frühpublikum bestand aus den Kellnern der Nachtlokale, die gerade eben geschlossen hatten, aus U-Bahnern, Müllfahrern, Schichtarbeitern, Künstlern und Trinkern.

»Kommste mit zu Konnopke indisch essen?« In so einer Frage steckte die Abgeschlossenheit des Landes, aber auch die Bereitschaft, sich in den Verhältnissen einzurichten, sich mit gesetzten Grenzen abzufinden und mit der Tatsache, niemals in diesem Leben anderswo indisch zu essen als in der Wurstbude Konnopke. Konnopkes Currywurst wurde zum Imbiß-Mythos. Ihr Geschmack war ein Familiengeheimnis. Die Konnopkes hatten schon in den Fünfzigern ihr spezielles Rezept der Curry-Sauce gefunden. »Wir saßen zu Hause in der Küche«, erzählte Frau Ziervogel, »mein Bruder, mein Mann, meine erste Schwägerin, mein Vater, meine Mutter. Wir haben so lange probiert und gerührt in einer großen Schüssel, das noch rein und das noch rein, das verworfen, jenes verworfen, wieder gekostet, wieder probiert. Bis wir den Geschmack raushatten.«

Es gab Zeiten, wo das Fleischkombinat keine Würste liefern konnte, 1963, da haben sich die Konnopkes mit gebratenem Fischfilet über Wasser gehalten, bis die »Fleischlage« wieder Würste zuließ. Die Bude unter der U-Bahn lebte von den Ereignissen der Straße: Fußballspiele, Demonstrationen, Weihnachtsbaumverkauf, Staatsbesuche. Erst Spalier gestanden, dann bei Konnopke angestanden. Wenn mehr Sicherheitskräfte in der Stadt waren, wurden mehr Bratwürste verkauft und weniger Currywürste. »Einmal wollte einer 'ne Thüringer Bratwurst«, erzählte Frau Ziervogel. »Das war 'n Fremder. Wir hatten aber nur die feinen Berliner Bratwürste da, und der meckert.« »Ja, Sie Weihnachtsmann«, sagte sie zu ihm, »Tannennadeln sind da keene drinne.« Und er: »Halten Sie Ihr gottloses Maul!« Soviel zu den regionalen Unterschieden.

Eben habe ich mich in die Schlange vor Konnopkes Bude eingereiht und eine Currywurst gegessen, um dem Geschmack von gestern nachzuspüren. Der von gestern ist der Geschmack von heute, kein Fall von Ostalgie, nachweisbar, Konnopke bleibt Konnopke.

In den späten Siebzigern wurde das Imbißangebot modernisiert. Ketwurst, Krusta und Grilletta, drei Erfindungen, drei Antworten: auf den Hot dog, auf die Pizza, auf den Hamburger. Wir hatten den Anschluß an die Welt gefunden, wir speisten Fastfood. Die Ketwurst wurde an Ketten produziert und kam in extra dafür gebackene warme Brötchen, in die zuvor mit einem Metalldorn ein Loch gestoßen worden war. Dazu Ketchup-Gurken-Sauce. Sie ist in speziell ausgerüsteten Würstchenbuden verkauft worden und schmeckte besser als der Hot dog in Ungarn oder Polen. Jede Würstchenbude, jede neu aufgemachte Imbißstube wurde als Errungenschaft gefeiert. Als die Krusta erfunden war, eine Art Pizza, nicht rund, sondern quadratisch, konnten die Zeitungen die Druckerschwärze nicht halten vor Begeisterung über das gastronomische Schöpfertum der Republik. Sie himmelten die Krusta-Vielfalt an: »Schwarzmeeer-Krusta, Teufelskrusta, Zwiebel-, Hackfleisch-, Eierkrusta. Krusta, belegt mit Hackbraten, Salami, Wurst, Käse, Sardellen – was für eine Fülle!« Und wie schön satt sie mache. Daß man bloß nicht auf die Idee kommen sollte, zwei davon zu bestellen, so nahrhaft sei sie. Die auf riesigen Blechen ruhende, verschieden belegte Hefeteig-Krusta wurde in Stücken von zwölf mal zwölf Zentimetern angeboten. Es war einmal, da saß ich an der Bar einer »Krustastube«, und es überkam mich ein kleines Glücksgefühl. Das Leben war schön, nicht immer nur Bockwurst. Auch wenn sie anders hieß, wir hatten jetzt Pizza wie in Bella Italia, Adriano Celentano saß gewissermaßen mit am Tisch, aß mit uns Krusta und sang »Azzurro – so ist der Himmel für Verliebte, denn azzurro heißt blau …«

Die Dritte im Bunde unserer mächtig mondänen Imbißkultur war die Grilletta. Eine Art Bulette, gegrillt und überbacken mit Käse, Paprika und Gemüse. Sie wurde in ein großes Brötchen gelegt, fertig war der Hamburger – was wollten wir mehr.

Schafe im Haus

»Eierteigwaren« – das Wort hatte meine fünfjährige Tochter an einem Novemberabend Mitte der siebziger Jahre auf die Titelseite ihres Lieblingsbuchs »Bella Belchaud und ihre Papageien« gemalt: »Eierteigwaren, Eierteigwaren, Eierteigwaren« hatte sie gekrakelt, ihr erstes selbstgeschriebenes Wort, ausgerechnet Eierteigwaren. Sie bewahrte die Buntstifte in einer leeren Nudelschachtel auf: Eierteigwaren. Darunter die Zeichnung eines lustigen Kochs und eine Sprechblase, in der »Hmm, vorzüglich« stand, was sich auf die Eierteigwaren aus dem VEB Möwe Teigwarenwerk in Waren/Müritz bezog – die Geschmäcker sind verschieden.

Wir haben fast nur Makkaroni gegessen. Warum so selten Spaghetti? habe ich mich nach dem Ende von Makkaroniland gefragt. Jetzt erst stieß ich auf die Ursache: Vierundvierzig Prozent der Nudel-Produktion bestanden aus Makkaroni, zweiundzwanzig Prozent aus Bandnudeln, elf

Prozent hatten die Form von Muscheln, nur zehn Prozent die von Spaghetti. Die aus Italien importierten Fertigungsanlagen sind auf Spätzle, Bandnudeln, Wickli und kurze Makkaroni programmiert gewesen, nicht auf Spaghetti – jede Eierteigware hat ihr Geheimnis. Und da ich als planwirtschaftlich trainierte Kundin kaufte, was vorhanden war, landeten vorwiegend Makkaroni auf unseren Tellern.

»Peter, hast du die Graumis geholt?« rief ich in Richtung Wohnzimmer. Unter Graumis fielen Kartoffeln, Äpfel, Zucker, Butter, Mehl, Brot, Milch, Eier, Kuko-Reis, Knäckebrot und natürlich Nudeln, Graumis eben – graue Grundmittel. »Kuko-Reis gab's nicht«, antwortete der Graumi-Verantwortliche. Das Feinere besorgten die Frauen. Maßgeblich sie gingen auf die Jagd. Nach Lachsschinken, H-Milch, Joghurt, Tomatenketchup und Tütensuppen, dem »Goldstaub« des sozialistischen Handels. Das eine war schwer zu tragen und leicht zu haben, das andere leicht zu tragen, aber schwer zu kriegen. Es kostete Nerven, dieses Von-einem-Laden-zum-anderen-Rennen, dieses Unterwegssein zwischen »Haben Sie?« und »Hamwanich«. Trotz solcher Arbeitsteilung hatte der Besorger der grauen Grundmittel seinen Beutel stets bei sich, könnte ja sein, er stieß auch mal auf Goldstaub.

»Was gab's heute im Kindergarten?« – »Milchreis mit Zucker und Zimt.« – »Hast du deinen Apfel gegessen?« Das Kind nickte. Ich entschloß mich, zum Abendbrot ein Bauernfrühstück zu machen. »Au ja«, sagte das Kind und verlangte einen Othello-Keks. Kurz vor acht klingelte es. M. stand vor der Tür, der zarte, bleiche Dichter: »Könnt ihr mal schnell die Tagesschau anmachen?« fragte er höflich. Im Flur wurde gerade der Fußboden repariert, M. mußte balancieren. Am Tag zuvor, wir schreiben das Jahr 1976, war Wolf Biermann ausgebürgert worden, der Liedermacher und Dichter. Daraufhin hatten dreizehn Schriftsteller eine Protesterklärung formuliert und sie an eine westliche

Nachrichtenagentur gegeben, M. war einer von ihnen. Die Nachricht vom Protest der Schriftsteller wurde in der Tagesschau gesendet. Ein Paukenschlag in der Stille. Bauernfrühstück habe ich an diesem Abend nicht mehr gemacht, das Kind durfte länger aufbleiben und die ganze Packung Othello-Kekse aufessen.

Das Echo des Paukenschlags verhallte, Freunde verließen das Land. Einmal, kurz vor ihrem Aufbruch in den Westen, sind zwei von ihnen spätabends bei uns gewesen, mit nackten Füßen in Turnschuhen, sie wirkten schon fremd, schon abgewandt. »Du bist infantil«, sagte einer von ihnen zu mir, »du guckst immer, als ob du noch was erwartest.« Es gab letzte Partys in leeren Wohnungen, das Telefon war ab null Uhr abgestellt, wir tranken »Stierblut« aus Pappbechern. Als wir gegen Morgen gingen, wunderten wir uns, daß keine Männer in Dederon-Anoraks rumstanden und die Haustür beobachteten; fast vermißten wir sie. »Drei apokalyptische Begleiter«, notierte ich in meinem Taschenkalender, »Hoffnung, Zweifel und Gewohnheit.«

Keine Bewegung. Nur das Flattern der Fahnen im Wind. Es herrschte wieder Ruhe im Land. Begleitet vom leisen Knistern der Holzkohlegrills, vom Zischen des Öls in den Fonduegeräten, vom Knallen der Korken und dem Blubbern eingekochter Früchte. Alles um uns rum kochte chinesisch – die politische Lage ließ es wieder zu –, alles lud ein zu Bœuf Bourguignonne oder Schweinefleisch süßsauer. Zu Pasta al dente mit den geschälten Tomaten aus der Büchse und dem geriebenen Parmesankäse, den der Westbesuch mitgebracht hatte. Wir bestaunten die unscheinbaren Kiwis, deren grünes Fruchtfleisch man mit dem Löffel aus der Schale holte, wir lernten Brokkoli, Avocados und Artischocken kennen, der Westen hatte den Fuß schon in der Tür. Ein Bonmot machte die Runde: Der Westen hat keine Ideale mehr. Der Osten hat noch ein Ideal – den Westen.

Wir richteten uns Datschen her, kuschelten uns in Lauben, trieben verlassene Bauernhäuser auf oder heruntergekommene Schlösser – an den Wochenenden feierten wir Feste und hörten Tom Waits und Leonard Cohen. Wir aßen und tranken, als gelte es das Leben. Mit Gouda-Käse überbackene Hackepeterbrötchen, mit Knoblauchzehen gespicktes Kaviarbrot, Griebenschmalz, kalten Braten mit Ingwer-Chutney, selbstgemachten Holunderlikör und trockenen Saale-Unstrut, der im Dorfkonsum ein Ladenhüter war, weil die Landleute lieber süßen Wein tranken. Wir verbrachten romantische Grillabende auf brüchigen Schloßbalkons, zum Grillen nutzten wir einen Fußabtreter aus Metall, denn Grillgeräte waren Mangelware. Auf einem Gehöft in der Nähe ließen die Stadtflüchter sogar die Schafe ins Haus, man fraternisierte lieber mit dem Vieh als mit einer scheintoten Gesellschaft. Mäuse liefen durch die Küchen, es störte die fidelen Feste kaum. »Über sieben Brücken mußt du gehn«, sang die Gruppe Karat, »sieben dunkle Jahre überstehn.«

In unser Bauernhaus fuhren wir nur noch selten, es war beschwerlich, die Lebensmittel rauszuschleppen, wir besaßen kein Auto, und seit der Hirtenhund das Schmalzfleisch gefressen hatte, waren auch die Frühstücke unter freiem Himmel seltener geworden. Irgendwann bemerkten wir es: Unser Haus war vom Schwamm befallen, wir ließen es sein, das Landleben. In dieser Zeit hatte ich einen Traum: Ich wollte einen Vogel kaufen. Einen schönen bunten. Kaufte aber einen grauen, ohne jedes Bunte. Der Verkäufer sagte, daß er noch jung sei, und zupfte ein bißchen, um mir zu zeigen, daß unter den grauen sich regenbogenfarbene zarte Federn verbergen. Eigentlich war der Vogel häßlich, er war vollgefressen, wie gemästet, ein bißchen widerlich. Ich ekelte mich, den Vogel anzufassen und ihn nach Hause zu tragen, auch hatte ich keinen Käfig. Der Verkäufer verpackte ihn auf wunderliche Art und Weise. Er fesselte ihn auf ein Brett, so daß er sich nicht mehr bewegen konnte, auch nicht den Kopf. Er lag da wie tot.

Wir schafften uns ein zweites Kind an, auch andere entschlossen sich Ende der Siebziger zu einem zweiten Kind. Etwas tun, was Hand und Fuß hat, Leben setzen gegen den Verfall. Das Schreien des Babys und sein Lachen zerissen die Stille. Fröhlich aß es sein Breichen im Gläschen, gewärmt im Babykostwärmer BT 03: Möhren pur, Gemüseallerlei mit Reis, Apfelreis mit Rindfleisch und Gemüse, Zwieback mit Apfelmus. Eifrig trank es viele, viele Fläschchen Früchte-C aus, bald würde es wild sein auf »Fetzer« und »Joker«, die geschäumten Vollmilchschokoriegel, die im Jahr seiner Geburt in die Kaufhallen kamen. Das Kind bewegte sich, es wurde größer, es entwickelte sich. Im Gegensatz zum Land.

Im April 1982 verfaßten Werktätige eines Berliner Großbetriebes ein Manifest, unterschrieben von achtundfünfzig entrüsteten Erbauern des Sozialismus: »Die uns am heutigen Tage angebotene Bratwurst hatte vom Namen her damit nichts mehr zu tun. Sie war dermaßen stark durchgebraten, so daß sie ungenießbar war. Die Wurst maß im Durchmesser ca. 26 mm. Die verbratene Schicht hatte umlaufend eine Stärke von sage und schreibe 6 mm. Berechnet man die Kreisfläche, so ergibt es 71 % ungenießbare bzw. unverdauliche Substanz. Die dazu angebotene breiige Masse ist ungenießbar. Sie schmeckt erbärmlich. Mit Currysoße hat das nichts mehr zu tun. Das alles kauft man für 0,90 M. Wenn es einmal passieren würde, dann würde man nichts sagen, aber das ist neuerdings ein Dauerzustand. Wenn dann noch Kollegen wegen vier halben Brötchen 35 Minuten anstehen müssen, fragen wir uns doch, ob der Platz in der Küche nicht falsch besetzt ist. Wir bitten um Überprüfung.«

Die Gewerkschaft überprüfte. Es habe eine Aussprache stattgefunden zwischen der BGL und der Kollegin W., die

Aussprache sei in einer sachlichen Form geführt worden mit dem Ziel, daß in Zukunft keine Beschwerden dieser Art mehr auftreten könnten: »Sollten wider Erwarten Bratwürste verbrennen, darf Kollegin W. diese nicht mehr zum Verzehr anbieten, sie muß den Schaden in materieller Verantwortlichkeit tragen.« Im Puppenheim muß die Bratwurst schmecken, das ist doch wohl das mindeste.

Lobgesang auf mein Lieblingslokal

Beim Essen vergaß man die Welt. Wir am liebsten in einem Weinlokal, das Anfang der Siebziger in einer ehemaligen Eckkneipe eröffnet worden war, Legende von Anbeginn. Alles war anders als sonst in der DDR-Gastronomie. Fünf kleine Salons mit Kronleuchtern und alten Möbeln bildeten die theatralische Kulisse für die allabendliche Inszenierung der Illusion vom Pariser Leben. Der Besitzer, ein sanfter Opernliebhaber, gab seinem Lokal den Namen »Offenbachstuben«. Die Sicht durch die schmale Flucht der Salons nannte er den »Felsenstein-Blick«, er verehrte das Regiegenie von der Komischen Oper. Die Speisekarte war der Besetzungszettel: »Orpheus in der Unterwelt« – das Schweinesteak. »Schöne Helena« – die Entenbrust. »Prinz von Arkadien« – das Kalbssteak, »Populanis Zauberei« – das Kaninchen, »Hoffmanns Erzählungen« – die Filets Olympia, Antonia, Guilietta. Deutsche Küche mit Phantasie ummantelt. Ein bißchen französisch war es auch, schon wegen der Weinbergschnecken. Jede Vorstellung muß eine Premiere sein, hatte Felsenstein seinen Sängern abverlangt, daran hielten sich auch die Betreiber der Offenbachstuben. Abend für Abend inszenierten sie, als wäre es das erste Mal, die Operette nach der Operette, das Märchen vom Service, den Zauber der heilen Welt. Geerdet wurde die unwirkliche Szenerie durch den Ölgeruch aus der Küche, denn es gab dort keine Entlüftung. »Du warst bei Offenbach!« wurde einem am nächsten Tag auf den Kopf zugesagt, falls man vergessen hatte, seine Kleider zu lüften, der Pommes-frites-Kroketten-Pommes-Dauphin-Dunst hing darin wie eine Erkennungsmarke.

Herr K. lebt heute mit seinem Freund, einem jungen Kellner, und einem kleinen weißen Hund in einer Altbauwohnung, nur einen Sprung von den Offenbachstuben entfernt, das inzwischen ein Lokal ist wie alle anderen. Vor zehn Jahren hat sich Herr K., ein zierlicher Mann um die Sechzig, aus dem Geschäft zurückgezogen. Als er damals im goldenen Licht seiner Bar schaltete und waltete, schwarzer Anzug, weißer Kragen, glich er dem morbiden Entertainer aus dem Bob-Fosse-Film »Cabaret«. K. hat die Fotos seiner berühmten Gäste herübergeholt in seine Wohnung, wo sie im Korridor eine Galerie von gestern bilden: Leonard Bernstein, Georgette Dee, Jürgen Walter, Heiner Müller, Jochen Kowalski, Christa Wolf, Evelyn Künneke, dazu die Diplomaten aus den Botschaften, die Bohemiens der Gegend und die britische Militärmission in Gala-Uniform. Später tauchten auch Mitterand und von Weizsäcker auf und Günter Grass – ein Kapitel seines Romans »Ein weites Feld« spielt in den Ostberliner Offenbachstuben. Stammgäste aus dem Westen brachten ab und an ein praktisches Geschenk mit. Ein Flambiergerät für Irish Coffee, Trinkröhrchen für Heißgetränke oder einen Schneckenteller mit sechs Mulden, Zange und kleiner Gabel. Nicht nur Grundnahrungsmittel, auch die Accessoires des Besonderen waren Mangelware in der DDR, was einer gewissen Logik nicht entbehrt.

K. führte sein Lokal als Kommissionsgaststätte der HO, mit Gewinn- und Kostenteilung. Eigentlich sollten Private höchstens die Preisstufe III erreichen. »Herr K., Sie kriegen die IV!« entschied die Abnahmekommission, die Herren waren beeindruckt vom Interieur. K. hatte aus dem thüringischen Hotel seiner Mutter die alten Stühle mit der Lederprägung und den goldenen Ziernägeln geerbt und das Hotelsilber – Silberkännchen, Eisschalen, Leuchter und Sektkühler –, Butzenscheiben und Biedermeiertischchen – lauter schöne bürgerliche Reste. »Daß wir die Preisstufe IV bekamen, war wichtig für die Warenbereitstellung«, erzählt K., »dadurch wurden wir besser beliefert.«

Besser, aber nicht gut genug. Am Tage fuhr er herum, Ware organisieren. Ölsardinen, Dorschleber, Petersilie, Bananen, Champignons, Spargel – ohne Beziehungen lief gar nichts. Elf Tiefkühltruhen hatte der Wirt für die Bevorratung angeschafft. K. pflegte enge Verbindungen zu den Kollegen vom Großhandel, vom Fischhandel, vom Fleischkombinat und zu privaten Gemüsehändlern. Am Frauentag verschenkte er Dutzende Bonbonnièren und viele Flaschen Sekt. Heute sei es umgekehrt, die Händler machten den Einkäufern Geschenke, damit sie weiter bei ihnen kauften.

Am Tage die Pflicht, am Abend die Kür. Da überwachte Herr K. kerzengerade die Szene, instruierte mit leiser Stimme seine Kellner und nahm Bestellungen entgegen. Ab 1. September wurden die Plätze für die Weihnachtsfeiern bestellt. »Am 2. September«, so K. mit leuchtenden Augen, »waren wir ausgebucht. Die Leute standen bis auf die Straße, wir haben Nummern verteilt für die Menü-Absprachen.«

Als chinesisches Essen Mode wurde, ging ein Gerücht um. Es hieß, bei Offenbach würde man Goldi, das Hundefutter, in die Kochtöpfe tun. Zwei Wochen später erzählte man, bei »Stockinger« würde Hundefutter verarbeitet, dann ging die Mär, im »Stilbruch« würde Goldi gekocht. Das Gerücht betraf ausschließlich erfolgreiche Privatlokale; wer sich das wohl ausgedacht hat – Tschekisten in den Küchen? »The show must go on« – der Song mit dem Zirkus-Sound gefiel Gästen und Personal, an manchen

Abenden lief er mehrmals vom Tonbandgerät. Und dann war da ein antiker »Ballett-Musik-Automat«. Steckte man eine Zwanzigpfennig-Münze in den Schlitz, tanzten drei Puppen nach der Musik von damals, und weil ein Spiegel in dem Kasten war, sah es aus, als hüpfe ein ganzes Ballett.

Manchmal machte Herr G., der Oberkellner in violettem Spencer und schwarzer Hose mit seidenem Kummerbund, das Licht aus, damit die Puppen im Kasten besser zur Geltung kamen. Herr G., eine Erscheinung zwischen Prinz und Gardeoffizier, machte überhaupt gern das Licht aus, er arrangierte Effekte, das Restaurant war seine Bühne. Wenn er den Irish Coffee am Tisch flambierte, sah man nur ihn und die blaue Flamme. Herr G. liebte es, sich zu verbeugen, den Diener zu machen und die Gäste zu unterhalten. Er beeilte sich, ihnen in die Mäntel zu helfen, die Tür aufzuhalten und ein Taxi zu besorgen. Er ließ bei all seinen Dienstleistungen eine Art kecker Übertriebenheit walten, eine parodistische Extravaganz: Er stellte den Kellner dar, wie er mal gedacht war und wie er hätte sein müssen. Es war die Rolle seines Lebens, G. spielte sie erstklassig, die Operette war sein Fach. Einmal forderte ich ihn zu später Stunde auf, mit mir zu tanzen; auch diesem Wunsch entsprach er. Nach ein paar Runden zu Vicky Leandros' Schmelzschlager »Ich habe die Liebe gesehn« richtete er seine seeblauen Augen bedauernd auf mich: »Frau Voigt, jetzt muß ich aber abkassieren.« Die »Offenbachstuben« waren so sehr zum Element unseres Lebens geworden, daß wir erwogen, eine außergewöhnlich große runde Büchse mit russischem Kaviar, die uns ein Fotograf aus Moskau mitgebracht hatte, unserem Stammlokal zu überlassen; schließlich brauchten die Offenbachstuben den Kaviar nötiger als wir, könnten ihn gerechter verteilen, in kleinen Portionen an viele Gäste.

Wir haben das Pfund schwarzen Kaviar dann doch alleine gegessen, mit unseren Nachbarn, teelöffelweise – der Überfluß zerging auf der Zunge.

Die Schneckensammlerin

Frau B. kennt vom Lokal nur den Eingang zur Küche auf dem Hof, sie war Schneckensammlerin. Beim Spielen am Karpfenteich und an der S-Bahn-Böschung hatte sie, zusammen mit einer Schulfreundin, Weinbergschnecken entdeckt, es wimmelte nur so von den Tierchen. »Manche Leute essen die«, sagte ihre Freundin, »hat mir mein Onkel erzählt, der kennt so ein Lokal, die sind teuer da, die Schnecken, ich finde sie urst eklig, aber für die ist das ein Leckerbissen.« Die Mädchen, gerade zwölf, beschlossen, Geld zu machen. Sie sammelten die Schnecken im Wassereimer und stiegen damit in die S-Bahn, wo die Tiere aus den vollen Eimern krochen und teilweise im Abteil verblieben. »Die Passagiere guckten angewidert«, erinnert sich Frau B. heute noch. In drei HO-Gaststätten wurden die Sammlerinnen abgewiesen: »Wir dürfen keine Schnecken nehmen, wir haben unsere Vorschriften.« In den Offenbachstuben klappte es. »Prima«, freute sich der Chef, »wir zählen sie in die Wanne, pro Stück fünfzig Pfennig.« In manchem Sommer verdienten sie mit den Schnecken dreihundert Mark.

Ich treffe mich mit Frau B., die inzwischen Schauspielerin ist, auf dem Wochenmarkt. Frau B. beobachtet gern einen speziellen Typ von Westmännern beim Einkaufen. Wie sie am Käsestand in expliziter Correctness die Connaisseurs mimen und nach längeren Fachgesprächen über Herkunft und Zusammensetzung des Milchprodukts fünfzig Gramm Ziegenkäse verlangen, in aller Ruhe und Gelassenheit, während hinter ihnen sechs Leute warten. Ostler sind noch immer nicht kulturvoll genug, um solch zivilisatorischen Zuwachs rücksichtslos zu genießen. Eine hinter ihnen wartende Schlange veranlaßt sie noch immer zu kurzen und bündigen Einkäufen, viertelpfund-, nicht scheibchenweise, und selbstverständlich »darf es etwas mehr sein«. Später bestellen wir uns Shrimps zum Chablis, die

Schneckensammlerin und ich. Ein leises Staunen ist immer noch dabei.

Wir tauchen wieder in die Schneckenzeit. »Als erstes«, erzählt Frau B., »haben wir von dem Geld Othello-Kekse gekauft und Zetti-Knusperflocken. Am nächsten Tag sind wir ins Kinderkaufhaus gefahren und haben uns Judojacken geholt, die färbten wir ein, in Rosa und Grün.« Ob sie selber mal Schnecken gegessen habe, frage ich. »Niemals« – Frau B. schüttelt sich, »die lebten doch noch, die wurden in der Wanne auf dem Hof bei Offenbach mit heißem Wasser überbrüht.« Ich habe sie gern gegessen, mit Knoblauchbutter, als Vorspeise. Für mich war ihre Existenz was Abstraktes. Ich genoß sie als Delikatesse auf einem speziellen Teller, mit einem speziellen Besteck, sie erlaubten mir einen Ausflug in die Welt der Gourmets. Die wichtigste Eigenschaft der Weinbergschnecken war, daß sie etwas darstellten, was mit dem HO-Alltag nichts zu tun hatte, von Belang war allein die Abweichung der Schnecke vom Kaufhallen-Einerlei. Nehmen wir noch einen Chablis?

Chinesisches Eisbein

Gestern Weinbergschnecken, morgen nicht mal Tütensuppe. Die Versorgungslage torkelte zwischen Verzicht und Völlerei. »Der Bedarf der Bevölkerung an Tütensuppen kann nur zu 25 Prozent gedeckt werden – Schlechtes Angebot an Süßwaren – Situation wird voraussichtlich nicht besser.« Von Anfang bis Ende der Planwirtschaft dasselbe Lied. »Planung ist die Ersetzung des Zufalls durch den Fehler«, lästerten die Ökonomen, wenn sie unter sich waren. Eine Versorgungskommission beim Rat des Kreises hat Typisches in Stichpunkten festgehalten, DDR pur. Die Notizen zur Versorgungslage stammen nicht etwa aus den Fünfzigern, nein, dreißig Jahre später, in den Achtzigern, wurde folgendes protokolliert: »Der Bedarf an Pralinen zum Internationalen Frauentag wird nur zu 20 Prozent gedeckt werden können – Es gibt keine Stollen und Lebkuchen mehr – Die Bürgermeister sind aufgerufen, die Anzahl der Kinder in der jeweiligen Gemeinde zu ermitteln, danach ist die Aufteilung der Weihnachts-Hohlkörper, der Nüsse und der Südfrüchte vorzunehmen – Die Kronkorkenverschlüsse für Getränkeflaschen sind nicht gasdicht, Mineralwasser hält sich nur drei Tage.« Zwischendurch ein warmer Regen: »Der Konsum Güstrow bekommt einmalig eine Zuteilung von 638 Kartons Mohrenküsse aus Grabow.«

Die Fleischlage schwankte wie eh und je, die unvernünftigen Verbraucher verlangten stets nach Filet und Rouladen, nie nach Schweineköpfen, so ging das nicht weiter: »Die Bemühungen um den Absatz von Schweineköpfen sind zu verstärken – Der Einzelhandel hat beim Fleischkombinat nicht nur Edelfleischteile zu bestellen, er hat Innereien, Spitz-, Knie- und Eisbeine abzunehmen.« Auch aus Eisbeinen konnte was Besonderes werden. Eisbein, so erfuhr ich, konnte zu Marzipan werden.

»Wo sind Ihre Messer?« fragte Herr Djung, als er die Küche des Professorenhaushalts H. betrat. Er besah die Messer und schüttelte den Kopf. Dann ging er zu sich nach Hause, holte sein Hackebeilchen und getrocknete Sojasauce, eine Erfindung der Kulturrevolution. Die Germanistin H. trägt zum violetten Lippenstift ein violettes Etuikleid mit langen goldenen Reißverschlüssen. Bei unserem Treffen hat sie ein fleddriges Heftchen mit, in das sie zu DDR-Zeiten ausgefallene Rezepte eintrug. Chinesisches Eisbein zum Beispiel. Sie und ihr Mann sind nicht in Restaurants gegangen, das war ihnen zu anstrengend und zu deprimierend. Sie kochten zu Hause, zusammen mit ihren Gästen, das habe großen Spaß gemacht. »Manchmal«, sagt die schöne Frau Dr. H, »waren wir zehn in unserer kleinen Küche im rumänischen Landhausstil, helle Kiefer.«

Nach der chinesischen Kulturrevolution Ende der Siebziger waren die ersten chinesischen Studenten und Aspiranten an die Humboldt-Universität gekommen. Professor H. hatte die Doktorarbeiten von Herrn Djung und Frau Wu betreut. Herr Djung, ein ungewöhnlich großer Chinese, hätte, erzählt Frau H., die Kulturrevolution nur überlebt, weil er Basketballspieler gewesen sei. Eines Tages hatten die Germanisten Frau Wu und Herrn Djung zum Essen eingeladen. Ob man nicht chinesisch kochen wolle. Die Asia-Welle erreichte eben die DDR, bald würde es in den Delikat-Läden Sake, Glasnudeln, Sambal oelek und Stäbchen geben. »Wir kommen gern«, versicherten die Chinesen. Herr und Frau H. luden noch ein paar Freunde ein und kochten, nachdem Herr Djung endlich sein Hackebeilchen hatte, sechs Stunden lang ein fünfgängiges Menü, wobei sie Wein und Maotai-Schnaps tranken und von der chinesischen Kulturrevolution erzählten. »Es war ein langsameres Leben«, sagt Frau H., »kochen, essen, erzählen, zuhören.«

Die Vorspeisen, die Suppe, die Teigtäschchen mit den korrekten drei Falten, das alles ist Frau H. nicht mehr so deutlich in Erinnerung, um so mehr das Chinesische Eisbein. »Das Eisbein schmeckte wie Marzipan«, schwärmt sie, »wie Marzipan schmeckte das Eisbein, süß und scharf.« Aus dem Heftchen liest sie mir das Rezept vor:

Chinesisches Eisbein

Sonnenblumenöl heiß machen, Zucker rein, bis er braun kandiert. Dann die Eisbeine rauf und braun werden lassen. Mit Brühe auffüllen. Ingwer, Cayenne-Pfeffer, Sojasauce (oder Erwa), Koriander und Salz ran, dazu eine Zwiebel und zwei Knoblauchzehen. Mit Wasser bedeckt kochen lassen. Nach einer Stunde sechs oder acht gekochte Eier reinlegen. (Schmeckt wie Marzipan!)

Herr Djung, erfuhr Frau H., ist inzwischen Topmanager bei einer Beraterfirma für chinesische Unternehmen: »Der geht jetzt in Samt und Seide.«

Ein Wirt in Thüringen hatte nicht erst auf die Asia-Welle gewartet. Er zelebrierte japanisches Essen, lange bevor die Welle kam. Es ist die unglaubliche Geschichte von Privatinitiative, Organisationstalent und Einfallsreichtum mitten in der DDR. 1966 machte der Suhler Gastwirtssohn aus seinem »Wein- und Speiserestaurant Waffenschmied« ein japanisches Restaurant, »mit allen Schikanen«, wie man damals sagte. Während seines Studiums an der Leipziger Fachschule für Gastronomie hatte er Sukiyaki vorkochen müssen. Es gelang ihm so gut, daß er die Idee eines japanischen Restaurants in Suhl mit Leidenschaft verfolgte. »Wenn der erste Japaner kommt, werden Sie wohl lieber Harakiri als Sukiyaki machen«, spotteten Kollegen. Dann kam der erste Japaner, Aspirant an der Friedrich-Schiller-Universität in Jena. »Ich hätte mir nie träumen lassen«, so seine Eintragung ins Gästebuch, »im mir unbekannten Suhl auf so gelungene Art japanisch essen zu können.« Der Ruf des Waffenschmied drang bis ins ferne Japan. Tausende Japaner speisten im Laufe der Jahre zu ihrer allergrößten Zufriedenheit in Suhl und schickten fortan regelmäßig Pakete mit asiatischen Zutaten in die thüringische Stadt. Kochte man in Suhl besser Sukiyaki als in Nagasaki?

Der Waffenschmied war ein Geheimtip, jahrzehntelang. Serviererinnen in Kimonos empfingen lieblich lächelnd die Gäste, die zunächst ihre Kleider ablegten und in einem Badebecken entspannten, um sich im Sinne der schintoistischen Naturverehrung ihrer Alltagssorgen zu entledigen. Danach reichte man ihnen einen Kimono, forderte sie auf, sich auf den stilgerecht niedrigen Bänken niederzulassen und mit dem Stäbchenmahl zu beginnen, das vier Stunden dauerte. Natürlich hatte der Waffenschmied am liebsten Devisengäste, doch auch Brigaden und Betriebskollektive konnten einen japanischen Abend buchen. Allerdings mußten sie sich für die luxuriöse Zeremonie an die zwei Jahre vorher anmelden. Dann aber schmeckten sie die Weite der Welt. O-Tooshi, die Teufelswurzel, Nori-Tsukudani, der Seetang in Sojasaucee, doppelt gegrillten Polarfisch und Sukiyaki, Rindslende asiatisch. Mehr als zweihundert Gerichte standen bereit, auch Sake, der Reiswein. Nach dem Essen sollen dort deutsche Volkslieder gesungen worden sein.

Das ist eine wahre Geschichte, ich habe sie gehört und gelesen, sie ist verbürgt. Ich war nie dort, Gruppenerlebnisse sind nicht unsere Sache gewesen. Wir schlugen uns als devisenlose einzelne durch den Dschungel der Westgeld-Gastronomie.

Im französischen Restaurant des Ost-Berliner Palasthotels sollte man mit Voranmeldung, so hatte sich rumgesprochen, für Mark der DDR soupieren können wie in Paris. Bekannte hatten Beziehungen zu einem der Kellner, so geschah es. Feierlich gestimmt, in Erwartung eines weltläufigen Abends, betraten wir das Devisenlokal. Der uns zugewiesene Tisch befand sich zwischen dem japanischen und dem französischen Restaurant, halb Musette, halb Asia-Klang. Auch hier waren wir ein Grenzfall, plaziert im Niemandsland, die Mauer ließ sich nirgends vergessen. Die Kellner tänzelten, scharwenzelten und wieselten, wie sie meinten, daß die Kellner am Montparnasse oder in Nizza tänzelten, schwarwenzelten und wieselten. Lange ließen sie uns in der bizarren Speisekarte schwelgen, um dann, vom Scheitel bis zum Schnürschuh Kenner der Haute cuisine, die Bestellung aufzunehmen. Ich entschied mich für »Pfeffersteak à la Toulouse-Lautrec, flambiert mit Calvados«. Calvados – welch Klang nach Literatur und Welt! Wegen dieses Singens und Klingens, nur deshalb, aus Fernweh, bestellte ich das Pfeffersteak à la Toulouse-Lautrec.

Eine Viertelstunde später kam der Kellner an unseren

Tisch gestelzt, um eine »bedauerliche Nachricht« zu überbringen: Der Objektleiter habe gesagt, daß mit Calvados nicht für Mark der DDR flambiert werden könne. Adieu, Calvados, adieu, Champs-Élysées, Westmark, verdammte.

Das Mittagessen

In jenen Zeiten, an einem Junimorgen des Jahres 1981, saß eine Frau in einer konspirativen Villa vor einem weiß gedeckten Tisch. Rouladen mit Kartoffeln und Rotkohl waren aufgetragen worden, ein herzhaftes Gericht. Die Frau und drei Männer begannen zu essen, welcher deutsche Mann ißt nicht gern Rouladen! Da fragte die Frau: »Wie geht es meinem Mann?« Einer der Männer antwortete: »Soviel ich weiß, haben sie den heute hingerichtet.«

1997 wurde vor dem Landgericht Moabit der Prozeß gegen die Militärrichter eröffnet, die das Todesurteil zu verantworten hatten; ich war als Berichterstatterin dort. Dr. Werner Teske, Doktor der Finanzökonomie und Hauptmann der Staatssicherheit, war am Morgen des 26. Juni 1981 als »Landesverräter« hingerichtet worden, »mit einem unerwarteten Schuß in das Hinterhaupt«, er war neununddreißig Jahre alt. Der Hauptmann habe in den Westen überlaufen wollen, warfen ihm die Ankläger vor. Die Wahrheit: Er war nicht übergelaufen, er hing zu sehr an seiner Frau, die nicht mit ihm gehen wollte. Werner Teske wurde wegen »vollendeter Spionage« zur Höchststrafe verurteilt, obwohl es nicht zum Verrat gekommen war. Ein Willkürakt, unzivilisiert und unheimlich. Heimlich vollstreckt, morgens, neun Minuten nach zehn. Am selben Morgen wurde seine Frau freigelassen, die seit zehn Monaten in Haft gewesen war. Drei Männer holten sie ab und führten sie zum Mittagessen. Zu den Rouladen mit Salzkartoffeln und Rotkohl, der deutschen Hausmannskost.

Im gleichen Jahr kam ein neues Toastbrot in die Kaufhallen, ballaststoffangereichert. Der VEB Milchhof Berlin produzierte 1981 für Delikat die Rahmcocktails »Erdbeere« und »Zitrone«, der neue Fruchtsaftbetrieb in Werder nahm sich vor, jährlich 35 000 Tonnen Obst zu verarbeiten. In jenem Jahr durfte ich zu einem Filmfestival nach Spanien reisen und habe zum ersten Mal in meinem Leben Frutti di mare gegessen, Langusten, Garnelen, Hummer, Austern, ich erlebte den Geschmack, den ich mir lange vorgestellt hatte. Das Leben ging weiter, wie man so schön sagen kann, wenn man keine Ahnung hat.

Klagelied über Ketchup, Kirschen, Wurst und Bier

Das Banale behauptete seine Unschuld. Die Milchtüten tropften, und es gab kein Tomatenketchup. Einer der Gründe speziell dieses Mangels ist bekannt geworden. »Gröbste Verstöße gegen die elementarsten Regeln von Ordnung, Disziplin und Hygiene« wurden aus Zeitz gemeldet. Der Betrieb hatte einundvierzig Tonnen griechisches Tomatenmark-Konzentrat erhalten. Wegen fehlender Arbeitskräfte wurde die Verarbeitung auf unbestimmte Zeit verschoben. Neun Monate vergingen, das teuer importierte Konzentrat vergammelte. Der Betriebsdirektor ließ es dennoch verarbeiten und abfüllen. Das Bezirks-Hygiene-Institut prüfte die Gläser mit dem Ketchup, stellte »unreinen Geruch und Geschmack« fest und stoppte das weitere Abfüllen. Zweiundsechzig Fässer des griechischen Tomatenmarks waren verschimmelt, ein kleiner Rest gelangte als Ketchup zum Kunden. So erzeugte man Versorgungsengpässe.

In einem Brief an die Fernsehsendung Prisma schilderte im August 1989 ein Ehepaar aus Weinböhla realsozialistische Absurditäten. Wieder einmal ging es um Tomatenketchup: »Wir sind in Weinböhla, einer großen Gemeinde im Kreis Meißen zu Hause, in der es sozusagen zum guten Ton gehört, Obst und Gemüse über den eigenen Bedarf hinaus anzubauen ... Unsere Wohnhäuser befinden sich in unmittelbarer Nähe einer der 4 Aufkaufstellen für Obst und Gemüse unseres Ortes ... Bis gestern haben sich in dieser Aufkaufstelle 13 Tonnen Tomaten angesammelt, für die es keine Abnehmer gibt, nur noch der Weg auf die Schutthalde bleibt. Und es wird weiter aufgekauft – 2 M pro kg erhalten die Erzeuger! ... Seit Sonntag, dem 20. 8. 89, befinden sich über 200 t Tomaten im Kreis Meißen auf Lager ... Hier drängt sich unweigerlich die Frage auf, ob wir es uns denn leisten können, daß Volkseigentum, sprich Aufkaufgelder, die aus dem Staatshaushalt subventioniert werden; wertvolle menschliche Arbeitskraft, die von den Kleingärtnern in ihrer Freizeit investiert wird ... Düngemittel, deren Einsatz Boden und Grundwasser belastet, so sinnlos vergeudet werden?« Ketchup sei seit Jahren ein Engpaß, klagte das Ehepaar, und daß sie selber in diesem Jahr nur ein einziges Mal Ketchup zu kaufen gekriegt hätten.

1986 hatte das Institut für Marktforschung feststellt, daß vierzig Prozent der Lebensmittel eine schlechtere Qualität aufwiesen als 1980. Auch die Verkaufskultur in den Kaufhallen war eher nachlässiger denn besser geworden. Klebrige Marmeladengläser, angestaubte Konserven, zerbrochene Saftflaschen. Dem Kunden war es anheimgestellt, sich aus dem Kaputten etwas Heiles herauszufischen. Die Freude über die neuen bunten Kaugummi-Kugeln, die aussahen wie die im Intershop, wurde getrübt durch den anhaltenden Mangel an Mandeln, Rosinen und Kokosraspeln, während »die Maßnahmen zur Versorgung der Bevölkerung mit Backhefe« inzwischen gefruchtet zu haben schienen. Auch der Bedarf an »Pfeffi«, den kleinen Pfefferminzdragees, konnte voll gedeckt werden.

Meckern, das war die beliebteste Art der Teilnahme an der sozialistischen Demokratie. »Plane mit, arbeite mit, regiere mit!« – die Losung des Aufbruchs war lange schon versunken in der Flut der Eingaben und Beschwerden über die Mißwirtschaft, die sich als roter Faden durch die Geschichte der Republik zog. »In der DDR trügt alles, nur nicht der Schein«, hatte Hanns Eisler einst befunden, der Komponist der Nationalhymne.

Frau K., Frau Ko. und Herr B. fühlten sich schlecht versorgt, ihr Klagelied hat drei Strophen. Erste Strophe: Frau K. aus Bad Bibra schmeckte die Wurst nicht mehr. »Nach Aufbewahrung der Wurst im Kühlschrank ist diese schon am nächsten Tag nicht mehr zu genießen.« Und nicht nur das. Es käme auch vor, fügte Frau K. hinzu, daß »um 15 Uhr nur 5 Koteletts im Angebot sind u. nach 16 Uhr Arbeitsschluß die Werktätigen gar nichts mehr kaufen können ...« Der Grund für den schlechten Geschmack der Wurst findet sich in einer Akte des Ministeriums für Handel und Versorgung. Das Fleischkombinat informierte, daß »ständig 2 Prozent Substitute wie Kartoffelstärke, Blutplasma, Magermilchpulver und Vollei flüssig in der Wurstproduktion eingesetzt werden« und daß etliche Kunden »die geringe Haltbarkeit, das blasse Aussehen und die Geschmacksbeeinträchtigung der Wurst« kritisierten. Frau K. hätte ihre Wurst im Delikat-Laden kaufen sollen. In derselben Akte nämlich ist vermerkt, daß bei der Herstellung von Delikat-Erzeugnissen keine Substitute verwendet wurden und daß sich die Qualität der Delikat-Wurstwaren, »wie z. B. Sahneleberwurst, feine Mettwurst u. a.«, eindeutig von der in der HO unterscheide »durch Aussehen, Geschmack, reduzierten Fettgehalt und Würzung«. Hatte Frau K. denn kein Westfernsehen? »Es war schon immer etwas teurer, einen besonderen Geschmack zu haben«, lehrte die Werbung.

Klagelied, zweite Strophe: Frau Ko. wollte Obst essen,

obwohl sie im Erzgebirge lebte. 1988 schrieb sie einen Brief an Erich Honecker: »Seit die Anordnung besteht, daß sich die Bezirke mit Obst und Gemüse selber zu versorgen hätten, sehen wir in den Kleinstädten des Erzgebirges keine Kirschen, Pfirsiche, Erdbeeren u. dergleichen mehr im Geschäft. Genauso steht es mit dem Spargel. Der wächst nämlich nicht im Gebirge ... Unsere Kinder möchten auch gerne mal Kirschen im Sommer essen ... Dieses Jahr fehlen nicht nur o. g. Früchte, sogar Zwiebeln und Möhren sind nicht laufend im Angebot. Das kann doch wohl nicht sein«, echauffierte sich Frau Ko., »wir sind ein dichtbesiedelter Industriebezirk. Wir schaffen Millionenwerte für den Export. Wie kann man verlangen, daß der Bezirk Karl-Marx-Stadt sich da noch mit Obst und Gemüse selbst versorgt. Zumal das rauhe Erzgebirge oftmals die Baumblüte im Frühjahr erfrieren läßt ...« In diesem Moment wohl wurde es der Frau Ko. mulmig, war sie zu weit gegangen? Sicherheitshalber beendete sie ihre Klage mit einem sozialistischen Refrain: »Sehr geehrter Herr Honecker, wir danken Ihnen für Ihre Friedenspolitik. Ich persönlich, als alleinstehende Frau mit Kind, bin über meinen festen Arbeitsplatz und auch über die sozialpolitischen Maßnahmen sehr dankbar ...«

Klagelied, dritte Strophe: Herr B. wollte einen Kasten Bier. »Soeben bin ich aus unserer Konsum-Kaufhalle gekommen, es gab Radeberger Bier«, teilt er in seiner Eingabe an das Ministerium für Handel und Versorgung mit, »5 Fl. auf Zuteilung. Es darf sich jeder nur einmal anstellen. Da wir aber in Kürze eine Familienfeier haben, habe ich mich zweimal angestellt und bekam kein Bier mehr. Auch nach Rücksprache mit der Verkaufsstellenleiterin ging ich leer aus. Ihre Meinung: eine Feier kann nicht vom Bier abhängen. Aber ich bin der Meinung, ein gutes Bier gehört mit zur Feier. Bis vor einem Jahr konnte man bei einer Feier einen Kasten Bier bestellen ... Ich kann nicht verstehen, daß man 44 Jahre nach dem Krieg nicht einmal einen Kasten Bier bekommen kann.«

Frau K, Herr B. und Frau Ko. – drei von denen, die es satt hatten. Sie wollten Wurst, die schmeckt, sie wollten im Sommer Kirschen und zum Feiern Bier; das Ende vom Lied kennen wir. »Wenn man damals die Leute mit den richtigen Dingen gefüttert hätte, mit Bananen und so, wären sie vielleicht gar nicht so aggressiv auf die Straße gegangen«, mutmaßte fünfzehn Jahre später ein sächsischer Gemüseverkäufer in einer DDR-Gedenksendung des Mitteldeutschen Fernsehens. Genau das hatte die Partei gehofft und vierzig lange Jahre darum gebangt. Vergeblich.

Glückliche Reise

Das Land döste vor sich hin, das Land konsumierte. Dasein im Halbschlaf. Wohin mit der überschüssigen Energie? Ab und an wurde die Bettdecke angehoben, man durfte jetzt »in dringenden Familienangelegenheiten« in den Westen reisen. Frau J. fuhr nach Lübeck zum fünfzigsten Geburtstag ihres Bruders. Nach ein paar Tagen war sie wieder da, ich traf sie im Hausflur. »Wie war's in Lübeck?« – »Schön, ich war mit meinem Bruder in einem Café, da gab es dreißig Sorten Eis.« – »Ach«, sagte ich, »und welches haben Sie sich ausgesucht?« – »Gar keins«, sagte Frau J. resigniert, »ich konnte mich nicht entscheiden.« Jahre der Auflösung. Die Genossen waren müde. Die Staatsverschuldung stieg in schwindelnde Höhen, das Tauschgeschäft Loyalität gegen Fürsorge lief auch nicht mehr, die Bürger wurden immer undankbarer, gar aufsässig. Wer die Einöde überhatte und keine Lust mehr auf Ketchupmangel, Obhut, Einheitsbrei, stellte einen Ausreiseantrag. Die Ausreiser, die eine unbestimmte Zeit warten mußten, ob ihrem Antrag stattgegeben würde, verkrochen sich nicht mehr, sie machten auf sich aufmerksam. Steckten weiße Schleier an ihre Wartburgs, wie es bei Hochzeiten üblich ist und bei Kapitulation. Klebten ein A an die Heckscheibe, das nicht »Anfänger« bedeutete, sondern »Ausreiseantragsteller«. Wenn in einer Klasse ein Schüler nicht mehr zum Unterricht erschien, teilte die Lehrerin den Mitschülern mit, daß »die Familie von Jens in die BRD ausgereist« sei, sein Schulessen für diese Woche könne Mario kriegen, der vergessen habe zu bezahlen.

Als wir uns mal wieder über das vergammelte Gemüse geärgert hatten, malten wir uns aus, was passieren würde, wenn wir einen Ausreiseantrag für unser Meerschwein Liese stellen würden. Grund des Ausreise-Ersuchens: »kein Grünzeug«. Wir rechneten uns aus, daß die Behörde in diesen Dingen vermutlich keinen Spaß verstehen würde, und verzichteten auf den Ausreiseantrag für Liese. Dafür überraschten uns unsere Nachbarn – die, mit denen wir den Kaviar geteilt hatten, sie die selbständige Friseurmeisterin, er der Spielzeugeisenbahn-Modellbauer – mit einer unerwarteten Nachricht. Während des gemeinsamen Essens in einem Interhotel-Restaurant beichteten sie: »Unser Ausreiseantrag ist gestern bewilligt worden.« Uns blieb das Jungschweinsteak im Halse stecken; wer könnte uns jetzt trösten, wenn es dunkel würde im Haus, die Steigleitungen waren maroder denn je. Wieder ein letztes Glas auf gepackten Kisten: Glückliche Reise! Zum Trost hinterließen uns die Nestflüchter ihren Römertopf, einen nagelneuen Toaster und das Kochbuch »Kochen« aus dem Verlag für die Frau, mit eingelegten Rezepten aus Westzeitungen.

Im Jahr davor war meine beste Freundin gegangen, wir hatten uns zum Abschied malen lassen, ein Doppelporträt im Abendlicht, Melancholie in Öl. Das finale Essen hatten die Gäste mitgebracht, einen Topf mit ukrainischer Soljanka und einen mit Chili con carne. Die Abschiede brachten einen Anflug von Tragik in den trivialen Alltag, ein belletristisches Gefühl, wir meinten, den Mantel des Schicksals rauschen zu hören, und bekamen jetzt manchmal ein Westpaket mit bitterer Schokolade von den Dahingegangenen.

Plötzlich wurden alle hellwach. Aufbruch. Wie ein schriller Weckruf hatte die Botschaft von »Glasnost« und »Perestroika« das Land auf die Beine gebracht. Die Opposition sammelte sich in den Küchen, die Opportunisten prüften die Windrichtung. »Wer sich nicht bewegt, spürt die Fesseln nicht.« Jetzt spürten alle die Fesseln. Je mehr sie zu spüren waren, um so mehr bewegte sich. Der letzte Sommer der DDR. Man nahm die Mahlzeiten vor dem Fernseher ein, gleichgültig fast, was man da aß. Was bedeuteten Essen und Trinken, jetzt. Die Bilder der jungen Frauen und Männer in den Stonewashed-Jeans, die über ungarische Sommerwiesen in den Westen rannten. Die Nachrichten von den Montagsdemonstrationen in Leipzig, wo der Ruf »Wir sind das Volk« einem jähe Schauer der Offenbarung über die Haut jagte. Niemand interessierte sich mehr für die letzten Errungenschaften der DDR, die neuen Delikat-Kaffeesorten »Mocca Exquisit« und »Sinfonie naturmild«, oder dafür, daß das Frühstücksdessert »Süße Laune« vom Molkereikombinat Gera im sozialistischen Wettbewerb Messegold erkämpft hatte. Die Thüringer Schokoladenwerke kreierten im letzten Moment feinste Schichtpralinen mit dem prophetischen Namen »Vergißmeinnicht«, und keiner wollte mehr wissen, wie sie schmecken. Aufbruch, Umbruch, Tränen.

In den ersten Oktobertagen bekam ich die »Ehrenmedaille zum 40. Jahrestag der DDR«. Während der Funktionär mir das Ding ansteckte, fragte ich ihn: »Zur Erinnerung?« Der Mann nickte: »Ja, zur Erinnerung.« Er wußte, was ich meinte. Titanic-Gefühle. Nach der Zeremonie zog ich mit meinen Kollegen in ein Lokal namens »Niquetklause«, wo wir unsere Wut über die Schließung der Grenzen zur Tschechoslowakei mit Bier ertränkten. Die Serviererin, eine mütterliche Person mit rot gefärbtem Haar, beruhigte uns: »Eßt erst mal was, Kinder! Roastbeef mit Bratkartoffeln oder Bauernfrühstück?« Soviel Freundlichkeit war abnorm. Als sie uns auch noch erlaubte, die Tische zusammenzuschieben und ein paar Stühle zusätzlich ranzustellen, ahnte ich es: Wenn man in einer HO-Kneipe Tische zusammenrücken darf, ist das Ende nahe.

»Der Generalsekretär des Zentralkomitees der Sozialistischen Einheitspartei Deutschlands und Vorsitzende des Staatsrates der Deutschen Demokratischen Republik, Erich Honecker, beehrt sich, herzlich zu einem Festlichen Empfang einzuladen.« Ort des Gala-Diners – der Palast der Republik. Ein letztes Mahl unter Brüdern, der Tisch strahlte in unschuldigem Weiß. Das Ehepaar Honecker saß neben dem Ehepaar Gorbatschow, das Ehepaar Stoph wurde neben Ceauşescu plaziert. Die Sindermanns hatten gegenüber von Todor Živkov Platz genommen, Yasser Arafat konnte Jaruzelski auf die dunkel bebrillten Augen blicken. Die Stimmung dürfte bedeckt gewesen sein, das Gastland stand am Abgrund. Zumal der sowjetische Genosse seinem bedrängten Bruder mit der Lehre, daß den das Leben bestraft, der zu spät kommt, zusätzlich die Laune verdorben hatte. In seiner Festansprache hatte Honecker die Überzeugung vertreten, die DDR werde »die Schwelle zum Jahr 2000 mit der Gewißheit überschreiten, daß dem Sozialismus die Zukunft gehört«.

Die Henkersmahlzeit ist überliefert. Als Hors d'œuvre wurden Zuchtwachtelbrüstchen auf Maispüree und Forellenröllchen mit Dillsauce und Lachskaviar vorgelegt, dazu ertönte ein festliches Rahmenprogramm. »Auf, schmetternde Töne der muntern Trompeten!« mit dem Schlußchor aus der Bach-Kantate 207 a »Friede sei im Lande«. Ein frommer Wunsch. Die Putensuppe mit Pistazienklößchen hatte Tomatenroyal als Einlage. Man trank Rotkäppchen-

Sekt und hörte Schlager aus vier Jahrzehnten. »Damals, damals. Damals war alles so schön. Doch wir waren viel zu jung. Viel zu jung, um unser Glück zu verstehn«, hatte Bärbel Wachholz einst gesungen; Erich Honecker sah auch im FDJ-Hemd nicht jung aus.

Das Hauptgericht »Filet-Ensemble Trianon« war komponiert aus Kalbsfilet mit Schinkenduxelles, Rinderfilet mit Gemüsebukett und Hühnermedaillons mit Pfirsichhälfte. Dazu ertönte der Chorgesang »Wach auf« aus Wagners »Die Meistersinger von Nürnberg«. Das Dessert »Surprise«, Eis auf Schokoladen-Marzipan-Biskuit, wurde von artistischen und musikalischen Darbietungen begleitet. In »Clownerien« und »Träumereien«, in das sachte Klirren der Messer und Gabeln mischten sich unüberhörbar die Rufe der Straße. Theatralischer hätte das Ende nicht kommen können. Löffel abgeben! bedeutete das, um im Bilde zu bleiben. Meine Tochter absolvierte zu dieser Zeit ein Praktikum im »Jugendtreff« vom Palast der Republik. Ihre Stimme am Telefon klang fassungslos: »Mama, Mama, vor dem Fenster hier stehen tausend Leute und rufen ›Freiheit!‹.« Der Rest ist bekannt.

Wäre die DDR ein Menü gewesen und ich Restaurantkritikerin, hätte ich das folgende gastronomische Urteil abgegeben: Das beste war die Vorspeise. Kraftvoll, originell, vielversprechend. Das Hauptgericht enttäuschte. Unentschieden, langweilig, lauwarm. Nachtisch Banane. Glückshormone auf die krumme Tour.

Brüder, zur Auster, zum Hummer

Ick sitz am Tisch und esse Klops
Uff eenmal kloppts
Ick kieke, staune, wundre mir
Uff eenmal jeht se uff die Tür

Nanu, denk ick, ick denk nanu
Jetzt isse uff, erst war se zu
Ick gehe raus und kieke
Und wer steht draußen? Icke.

Nun sagten wir Supermarkt statt Kaufhalle. O-Saft anstatt Orangenjuice, Baguette statt Kaviarbrot. An die Stelle von Puffreis drängelte sich Popcorn, das Brathähnchen trat in seine alten Rechte ein und schubste den Broiler von der Ladentheke. Wir wurden den Dingen untreu, die uns bisher schlicht, aber redlich ernährt hatten. Mit wehenden Fahnen liefen wir über von Grau zu Glanz. Die schmucklosen Kloßpackungen, die knusprig kleinen Schrippen, den reinen weißen Joghurt ließen wir im Stich für aufgeblasene Brötchen und Danone-Früchtejoghurt, das Burger Knäckebrot ließen wir links liegen und kauften Wasa. Alles aus dem Westen, alles neu. Und doch waren es alte Bekannte, die uns da begrüßten, waren sie doch über Jahrzehnte zu uns in die Wohnstuben gekommen, Abend für Abend, durch den farbenfrohen Kanal des Werbefernsehens. Nun waren sie da, leibhaftig, zum Anfassen und Auffressen. Wir waren im Rausch, wir konnten es nicht fassen, daß es immer und überall gab, was man brauchte. Was man nicht brauchte, auch. Orangegelbe Meere von Südfrüchten breiteten sich auf gutsortierten Gemüseständen aus. In den Supermärkten winkten pulverisierte Fertiggerichte: »Auffüllen bis zum Riffelrand«. Genügend Kirschen, reichlich Tomatenketchup, viele Sorten Bier – Herr K., Frau Ko. und Herr B. sangen keine Klagelieder mehr, sie sangen jetzt Oden an die Einkaufsfreude. Schlaraffenland auf Rechnung.

In den Bahnhofshallen dufteten Croissants, Imbißbuden sprossen aus jedem Pflasterstein. Eckkneipen mutierten zu italienischen, asiatischen und griechischen Restaurants. In jedem dritten Haus öffnete ein Café, man konnte im

Sommer auf der Straße sitzen und Wein trinken, allüberall freundliche Kellner und diensteifrige Verkäuferinnen – Welt der Wunder. Der Ostdeutsche brannte darauf, die Wunder aus der Nähe zu betrachten, auch jene, die nicht für ihn gemacht waren. An einem arbeitsfreien Sonnabend im Mai Anfang der Neunziger habe ich erlebt, wie die Feinschmeckeretage des »KaDeWe« entweiht wurde.

Ungeniert wie auf einem Volksfest schoben sich Massen aus den östlichen Provinzen, aus dem innersten Sachsen und aus dem hohen Norden sowie aus den Ost-Berliner Bezirken Mitte und Marzahn, durch die heilige Sphäre der sechsten Etage. Vorbei an den unzähligen Tee-, Käse- und Nudelsorten, an lebenden Fischen, toten Hühnern, Fleischen, Würsten, Champagnerflaschen, an Herren mit goldenen Kreditkarten und Frauen im Sommerpelz. Wobei sich die Ostler keineswegs aufführten wie arme Schlucker, die auf die vollen Teller bloß gegafft hätten. Wenn sich auch manche mit einer Dose Sprite begnügten, probierten die meisten dies und das. »Gucke mol, der scheene Lochs«, »Mann, die leben ja noch, die Hummer, nee, dit könnt' ick nich essen, nehm' wa noch 'n Schoppen Chardonnay?« An einer der Feinschmeckerbars bestellten sie »einmal von den grünen Dingern da« – »Sie meinen Gnocchetti verdi al Gorgonzola?« – »Ja, und noch mal von dem Nudelauflauf« – »Lasagne al forno. Bitte sehr.« Zwei Frauen aus Magdeburg aßen jeweils zwei Portionen. »Früher hätten die sich nie hergetraut«, flüsterte die Dallmayr-Prodomo-Verkäuferin einer Stammkundin zu, »nie im Leben hätten sich solche Leute ins KaDeWe verirrt.«

Nun war es ja nicht so, daß die Ostdeutschen plötzlich reich geworden wären, sie stillten lediglich eine jahrzehntelange Sehnsucht. Das KaDeWe war für sie der Inbegriff all dessen, was sie nicht hatten kriegen können. Jetzt fielen sie über den Mythos her und stellten fest, daß auch das KaDeWe nur ein Kaufhaus war, sonst nichts. Daß aber

Kaffee und Schinken besser schmeckten als der von Kaiser's oder Tengelmann. Und weil sie vierzig Jahre lang gewöhnt waren, alles zu kaufen, was es gab, kauften sie auch jetzt. Ohne Andacht. Fürs Essen hatten sie schon immer ihr Geld ausgegeben, Enthaltsamkeit war sinnlos. Nicht ein bestimmter Autotyp oder ein Jackett von Armani sind Statussymbole gewesen, sondern eine Westreise oder eine Badezimmerarmatur aus dem Intershop; beides bekam man nicht, indem man am Essen sparte. In der Feinschmeckeretage des KaDeWe war russischer Kaviar – die groben grauen Blechbüchsen sind gnädig mit Folie umwickelt gewesen – das Teuerste, was es gab. Wie ein Märchen aus alten Zeiten kam mir in den Sinn, daß Kaviar und Sekt, letzterer immer zu warm und immer zu süß, einst zu den preiswerten Grundnahrungsmitteln der Sowjetrussen gehört hatten; der kurzatmige Versuch, den Luxus zum Volk zu bringen. Später wurden die kulinarischen Kostbarkeiten nur noch bei Empfängen im Kreml gereicht, eisgekühlt natürlich.

»Austern find ich eklig«, sagte eine Frau und schüttelte sich. Die Austernbar war die letzte Bastion des KaDeWe-Mythos, die Herabwürdigung ins Alltägliche war da noch nicht vollzogen. Außer mir, der Observatorin, saßen dort nur Eingeborene, und auch ich mag Austern nicht besonders. Ich schaffte meine Portion Lachs nicht, der Barmann packte mir den Rest in Silberfolie ein. Ich wußte nicht, daß solche Sparsamkeit üblich war, ich fürchtete, bedürftig auszusehen, und steckte das Päckchen, peinlich berührt, in die Handtasche. Mir fiel Frau S. ein, die zu Mauerzeiten mal für einen Tag nach West-Berlin durfte. Ein Bekannter hatte ihr das KaDeWe gezeigt und ihr eine Tüte grüne Nudeln geschenkt. Die hat sie erst gekocht, als die Mauer längst weg war. Das Pärchen am Kopfende der Bar schien hier zu Hause. Boutique-Besitzer aus Niederbayern, sie französische Austern, er Riesengarnelen. »Wir sind heute mit dem großen Wagen da«, teilte die Frau dem Barkoch mit, der lächelte mondän und schenkte nach. Wenn Genuß abhängig ist von Elitebewußtsein, würden die beiden bald nichts mehr zum Genießen haben, dachte ich an jenem Tag im Mai. Aber es kam anders. Feinschmecker sind wir nicht geworden.

Ostdeutsche in Lohn und Brot kennen inzwischen die Fremde, lieben die südliche Sonne und kochen auch zu Hause die Spaghetti al dente. Sie erliegen den Versuchungen von Frutti di mare, spanischer Paella und Crême brûlée. Französische Restaurants finden sich in östlichen Landstrichen selten, was nicht am fehlenden Sinn für Qualität liegt, sondern am Geld. Nach ihren Begegnungen mit pappigen Hamburgern und synthetischen Putenwienerli besinnen sich viele aber auch wieder auf den vertrauten Geschmack von Spreewaldgurken, Havelzander und Thüringer Leberwurst. Das Bodenständige hat Konjunktur. In der Berliner Eckkneipe »Krüger«, seit achtzig Jahren in Familienbesitz, kocht die Wirtin jeden Donnerstag ein Wunschessen für ihre Gäste: Eisbein mit Sauerkraut, Bulette mit Kartoffelsalat, Rouladen mit Rotkohl. Und Königsberger Klopse. Mensch bleibt Mensch, Klops bleibt Klops.

Forscher haben herausgefunden, daß Ostdeutsche noch immer einen anderen Geschmack haben als Westdeutsche; kräftiger, schärfer, direkter, »arbeiterlicher«. Das geht nicht raus, das dauert, die Hummer müssen warten.

NACHSCHLAG

Ich habe aufgeschrieben, was wir gegessen und getrunken haben, wie wir gelebt haben. Wie ich gelebt habe. Was ich gegessen und getrunken habe.

Wie groß die Gemeinsamkeit zwischen Wir und Ich ist, mag der Leser entscheiden. Ich habe in Berlin gelebt, andere in Eisenach oder Schwerin, ihre Erinnerungen an Einkäufe und Engpässe werden von meinen abweichen, aber ein Jägerschnitzel ist ein Jägerschnitzel ist ein Jägerschnitzel. Ich hielt mich gern in Cafés und Restaurants auf, andere entzogen sich dem Treiben der HO-Gaststätten, in der Betriebskantine gegessen haben wir fast alle. Ich habe zwei Jahrzehnte lang an den Sozialismus geglaubt, andere waren von Anfang an nicht glücklich mit der klassenlosen Gesellschaft. Jedenfalls hatten wir einen gemeinsamen Alltag, anstrengend, absurd, tragikomisch. Vom Pathos des Banalen und von der Banalität des Pathetischen können wir einen Kanon singen, solange es allgemein bleibt. Einen Kanon der persönlichen Erinnerung könnten wir schwerlich anstimmen. Ich las von einem Experiment, wo man sechs Personen die filmische Aufzeichnung eines Unfalls vorführte. Danach sollte jeder beschreiben, was er gesehen hatte. Es gab sechs verschiedene Beschreibungen des Unfallhergangs, sechs verschiedene Blicke auf dasselbe Geschehen. Das Gedächtnis ist unsachlich, abhängig von Gefühl und Erfahrung, Irrtümer sind unvermeidbar.

Ich habe meinem Gedächtnis das Dokument an die Seite gestellt, als Kontrolleur und Wächter über Wahrhaftigkeit. Ich habe Spuren gesucht, Zeugen befragt, ich habe die Gegenwart ins Damals gebeten.

Verwendete Literatur

Alltagskultur der DDR – Begleitbuch zur Ausstellung »Tempolinsen und P2«, Berlin 1996

Bertsch, Georg C.; Hedler, Ernst; Dietz, Matthias: SED – Schönes Einheits-Design, Köln 1990

Einhorn, Otto; Köter, Harm; Meischak, Gerhard; Obst und Gemüse, Leipzig 1979

Engler, Wolfgang: Die Ostdeutschen. Kunde von einem verlorenen Land, Berlin 1999

Friedrich, Arnim; Friedrich, Thomas (Hg.): »Es hat alles keinen Zweck, der Spitzbart muß weg«. Der 17. Juni 1953. Ausgewählte Dokumente zur Deutschen Geschichte, Gesellschaft für Bildung und Technik, Berlin 1992

Grimm, Thomas: Das Politbüro privat. Ulbricht, Mielke, Honecker & Co. aus der Sicht ihrer Angestellten, Berlin 2004

Haertel, Christian; Kabus, Petra: Das Westpaket. Geschenksendung, keine Handelsware, Berlin 1999

Heubner, Thomas: So schmeckte es in der DDR. Ein Lach- und Sachbuch vom Essen und Trinken, Berlin 2004

Hölder, Egon (Hg.): Im Trabi durch die Zeit – 40 Jahre Leben in der DDR, Stuttgart 1992

Illies, Florian: Generation Golf. Eine Inspektion, Berlin 2000

Judt, Matthias (Hg): DDR-Geschichte in Dokumenten, Berlin 1997 (=Schriftenreihe der Bundeszentrale für politische Bildung; Bd. 350)

Kaminsky, Annette: Wohlstand, Schönheit, Glück. Kleine Konsumgeschichte der DDR, München 2001

Köhler, Rosemarie: Brennesselsuppe und Rosinenbomber. Das Berliner Notkochbuch – Rezepte, Erfahrungen und Hintergründe 1945–1949, Berlin 1999

Kölling, Alfred; Vogel, Helmut: Fachbuch für Kellner. Die Aufgaben des Kellners und ihre praktische Durchführung im modernen Gaststättenbetrieb, Leipzig 1983

Köstliche Fischgerichte. Hg. v. Werbedienst der volkseigenen Fischwirtschaft Rostock, 1961

Kuhn, Gerd; Ludwig, Andreas: Alltag und soziales Gedächtnis. Hg.

v. Dokumentationszentrum Alltagskultur der DDR, Eisenhüttenstadt, 1997
Lüdtke, Alf; Becker, Peter (Hg.): Akten, Eingaben, Schaufenster. Die DDR und ihre Texte. Erkundungen zu Herrschaft und Alltag, Berlin 1997
Ludwig, Andreas: Fortschritt, Norm und Eigensinn – Erkundungen im Alltag der DDR, Berlin 1999
Maus, Paul; Kallenbach, Lutz: Bekannte Speisen richtig zubereitet. Ratgeber für Gastronomen, Berlin 1984
Merkel, Ina: Utopie und Bedürfnis. Die Geschichte der Konsumkultur in der DDR, Köln 1999
Dies.: Wir sind doch nicht die Meckerecke der Nation. Briefe an das DDR-Fernsehen, Berlin 1998
Müller, Wenzel (Hg.): Leben in der Platte. Alltagskultur der DDR der 70er und 80er Jahre, Wien 1999 (= Kataloge des Österreichischen Museums für Volkskunde, Bd. 73)
Neue Gesellschaft für Bildende Kunst (Hg.): Wunderwirtschaft. DDR-Konsumkultur in den 60er Jahren, Köln, Weimar, Wien 1996
Otto, Manfred: Gastronomische Entdeckungen in der DDR, Berlin 1984
Ders.: Sie wünschen bitte? Gaststätten in Berlin, Berlin 1988
Poutrus, Patrice G.: Die Erfindung des Goldbroilers. Über den Zusammenhang von Herrschaftssicherung und Konsumentwicklung in der DDR, Köln 2002
Proust, Marcel: Auf der Suche nach der verlorenen Zeit. Roman, Berlin 1974
Scheffler, Ute: Alles Soljanka oder wie? Das ultimative DDR-Kochbuch 1949–1989, Leipzig 2001
Dies.; Heck, Dieter: Der Goldbroiler. Rezepte. Tipps. Geschichten, Leipzig 2001
Sommer, Stefan: Lexikon des DDR-Alltags. Von »Altstoffsammlung« bis »Zirkel schreibender Arbeiter«, Berlin 1999
Steffen, Klaus; Henniger, Barbara: Essen wie Erich. Bevor der Ofen aus war – das Beste aus Honeckers geheimer Hofküche. Staatsmenüs zum Selberkochen, Berlin 1996
Steiner, André: Von Plan zu Plan. Eine Wirtschaftsgeschichte der DDR, München 2004
Stregel, Tobias: Deutsche Kulinarische Republik. Szenen, Berichte und Rezepte aus dem Osten, Frankfurt/Main 1998
Ders.; Tweder, Fabian; Kurz, Rudolf: Vita Cola & Timms Saurer. Getränkesaison in der DDR, Berlin 1999

Tippach-Schneider, Simone: Das große Lexikon der DDR-Werbung. Kampagnen und Werbesprüche, Macher und Produkte, Marken und Warenzeichen, Berlin 2004
Dies.: Tausend Tele-Tips. Das Werbefernsehen in der DDR 1959–1976, Berlin 2004
Winkler, Gunnar (Hg.): Sozialreport '90. Daten und Fakten zur sozialen Lage in der DDR, Berlin 1990
Winnington, Ursula: Ein Leib- und Magenbuch. Kulinarische Notizen, Leipzig 1981
Dies.: Liebe, Phantasie und Kochkunst, Rostock 2000
Wolle, Stefan: Die heile Welt der Diktatur. Alltag und Herrschaft in der DDR 1971–1989, Bonn, Berlin 1998

Die Autorin dankt zudem Sabine Kaulitz vom Bundesarchiv Dahlwitz-Hoppegarten sowie Frau Dr. Heike Schroll vom Landesarchiv Berlin für die freundliche Unterstützung.

Bildnachweis

Ostkreuz, Sibylle Bergemann, Berlin, S. 8: Palast der Republik, S. 142: Hotel Neptun

Landesarchiv, Berlin, S. 22